십자가의 성 요한
영적 권고

Saint Jean de la Croix
Docteur de l'Église
VIE ET ŒUVRES SPIRITUELLES
Original Copyrights © Par les Carmélites de Paris, 1928

십자가의 성 요한 영적 권고

1954년 10월 15일 교회 인가
1954년 10월 20일 초판 1쇄 펴냄
1991년 10월 15일 개정 2판 1쇄 펴냄
1993년 6월 10일 개정 3판 1쇄 펴냄
2008년 12월 30일 개정 4판 1쇄 펴냄
2021년 3월 25일 개정 5판 1쇄 펴냄
2024년 4월 26일 개정 5판 3쇄 펴냄

지은이 · 십자가의 성 요한
옮긴이 · 서울 가르멜 여자 수도원
펴낸이 · 정순택
펴낸곳 · 가톨릭출판사
편집 겸 인쇄인 · 김대영
편집 · 박다솜, 강서윤, 김소정
디자인 · 양주연, 송현철, 강해인, 이경숙, 정호진
마케팅 · 안효진, 황희진

본사 · 서울특별시 중구 중림로 27
등록 · 1958. 1. 16. 제2-314호
전자우편 · edit@catholicbook.kr
전화 · 1544-1886(대표 번호)
지로번호 · 3000997

ISBN 978-89-321-1760-7 03230

값 12,000원

성경 © 한국천주교중앙협의회, 2005

이 책의 한국어판 저작권은 (재)천주교서울대교구 가톨릭출판사에 있습니다.
저작권법에 의해 한국 내에서 보호를 받는 저작물이므로 무단 전재와 무단 복제를 금합니다.

가톨릭의 모든 도서와 성물을 '가톨릭출판사 인터넷쇼핑몰'에서 만나 보실 수 있습니다.
http://www.catholicbook.kr | (02)6365-1888(구입 문의)

십자가의 성 요한
영적 권고

십자가의 성 요한 지음
서울 가르멜 여자 수도원 옮김

가톨릭출판사

원죄 없이 잉태되신 성모님께

성모님께 봉헌된 우리나라의 모든 믿는 이들의

영성 생활에 도움이 되기를 바라면서,

이 작은 책을 바칩니다.

머리말

타오르는 불처럼 열렬한 말들

   십자가의 성 요한의 영적 권고는 성인의 영성을 모두 포함하고 있습니다. 이 책은 성인의 모든 저서와, 그가 자신이 지도했던 개혁 가르멜의 남녀 수도자들에게 직접 했던 말들, 그리고 자필로 남긴 권고들을 모은 것입니다. 특히 여러 수도원을 방문하여 나눈 영적 대화 중에 기록된, 빛처럼 밝고 타오르는 불처럼 열렬한 말들을 중심으로 엮었습니다.

우리 수도회 가족의 이런 보화를 사랑과 진리에 목말라하는 모든 분들에게 권할 수 있게 되어 무척 기쁘게 생각합니다.

바쁜 일상생활 중에도 자주 책을 펼쳐 보면서 십자가의 성 요한이 남긴 영혼을 향한 조언들을 마음에 새겨 묵상한다면, 점차 하느님께 가까워지고 마음에 힘과 평화를 얻을 것입니다.

이 글을 처음 대할 때에는 좀 딱딱하고 엄격하다고 느낄 수도 있습니다. 그렇습니다. 성인은 하느님과의 합일로 이끌기 위해 영혼을 벗기고 또 벗겨 오롯한 무(無)에 이르도록 지도합니다.

그러나 이것이 전부는 아닙니다. 십자가의 성 요한이 지도하고자 하는 근원은 사랑입니다. 성인은, 자신이 아끼는 영혼들이 이 훌륭한 목적, 즉 하느님과의 친밀한 교류를 이루려면 어려운 과정을 거쳐야 한다는 것을 체험하게 하려는 것입니다.

겸손한 마음으로 용기를 가지고 이러한 영적 상

승을 위해 노력하는 영혼은 곧 자유와 기쁨을 차지할 것입니다.

　성인은 우리의 연약함과 두려움을 우리 스스로 이겨내도록 돕습니다. 또한 우리의 인도자로서, 자신의 슬기를 우리에게 전하고 우리가 바른 길을 걷게 할 것입니다.

가르멜의 모후
복되신 동정 마리아 축일에
서울 가르멜 여자 수도원

차 례

머리말: 타오르는 불처럼 열렬한 말들　　　　　　5
저자의 말: 모든 이가 성자의 정신으로 살아가기를…　10

1
하느님께 나아가기 위해
우리가 털어내야 할 짐

재물에 대한 사랑　　　　　　　　　　　　　　14
교만과 허영심　　　　　　　　　　　　　　　　17
무질서한 경향　　　　　　　　　　　　　　　　20

2
하느님께 나아갈 때
우리는 어떤 마음가짐을 가져야 하는가?

하느님을 두려워함　　　　　　　　　　　　　　32
예수 그리스도를 본받음　　　　　　　　　　　　35

향주삼덕   41
애덕 | 이웃사랑 | 신덕 | 망덕

3
하느님 안에서
우리는 어떻게 사는가?

하느님 안에서 우리를 이끄는 이   82
천사 | 영성 지도자

기도, 하느님과 대화하기   95

영혼이 하느님을 따르는 삶   119
평화 | 현명함 | 겸손 | 순종 | 굳셈과 인내 | 근신
침묵 | 청빈 | 정신적인 청빈

부록 1   사랑에 불타는 영혼의 기도   168
부록 2   십자가의 성 요한의 생애   172

저자의 말

모든 이가 성자의 정신으로 살아가기를…

오, 나의 유일한 기쁨이신 하느님!

마음에 넘치는 사랑과 빛이 충만한 말씀을 기록하여 주님께 바치고 싶은 것은, 진정 주님을 사랑하는 마음에서 조금이나마 당신께 기쁨을 드리고 싶어서입니다.

그러나 비록 이런 마음을 지니긴 했으나, 저 자신에게 덕도 없고 실행도 못하고 있음을 잘 알고 있습니다. 하느님! 당신께서 기쁘게 여기시는 것은 슬기로운 말보다 덕행의 실천입니다.

하느님! 제 오롯한 소망은, 이것을 읽는 영혼들이 당신을 더욱 사랑하고 섬기며 더 진보하여, 못다한 제 몫까지 바쳐 드릴 수 있게 되었으면 하는 것입니다.

주님! 당신께서는 신중함과 빛을 사랑하십니다. 그리고 영혼의 어떤 활동보다도 '사랑'을 더욱 사랑하십니다.

이 글은 나그넷길의 이정표가 되고 나그넷길을 비추는 빛이 되어, 끝까지 참고 견디어 내는 사람에게 사랑을 안겨 줄 것입니다. 그러므로 이 글에는 주님께서 기꺼워하시지 않는, 헛되고 작위적이며 얕은 지혜에서 나오는 메마른 말이나 꾸미는 말처럼 세속적이고 예쁘기만 한 말을 늘어놓지는 않았습니다.

주님께서 참으로 기뻐하시는 것은 사랑과 감미로운 당신 말씀의 실천이기에, 저 역시 그런 실천에 맞갖은 말로 영혼들을 향해 말하고자 합니다.

이 글은, 완덕의 길을 향해 가는 많은 영혼들을 걸려 넘어지게 하는 원인인 어려움과 올무들을 없애 줄 것입니다. 영혼들은 분별이 없기에 넘어지고, 무지한 탓으로 오류에 떨어지면서도, 주님의 길을 제대로 걷고 있다고 믿으며 생활과 환경과 덕에서, 그리고 거짓 없는 정신과 순결로 그리스도를 본받는다고 생각합니다.

지극히 자비하신 하느님! 당신께서 친히 성자의 정신을 모든 영혼들에게 주십시오. 당신이 아니시면, 우리는 아무것도 할 수 없습니다.

* 참고: 십자가의 성 요한은 당대의 사고방식에 따라 '사람'을 대부분 '영혼'이라 칭한다. 이 책에서도 '영혼'이라는 단어를 그대로 살려 두었음을 밝힌다.

1

하느님께
나아가기 위해
우리가
털어내야 할 짐

재물에 대한 사랑

"사실 돈을 사랑하는 것이 모든 악의 뿌리입니다. 돈을 따라다니다가 믿음에서 멀어져 방황하고 많은 아픔을 겪은 사람들이 있습니다." (1티모 6,10)

●

재물 자체가 반드시 죄의 원인이 되는 것은 아니다. 그러나 사람은 쉽게 그런 것에 집착하여 하느님께 충실하지 않게 된다. 현자가 말하길, 불충실은 죄가 되는 것이기에, 부자는 죄를 피할 수 없다고 하였다.

●

영혼에게 멸망을 가져다주는 것은 지상 사물이 아니다. 그런 것은 영혼 속에 들어올 수 없다. 영혼에게 해악을 끼치는 것은, 마음이 그런 것들에 안주하려 들고 소유욕에 사로잡힐 때다.

●

주님께서는 복음에서 지상 재물을 말씀의 씨앗의 숨을 막아 버려 열매를 맺지 못하게 할 가시덤불에 비유하여 말씀하셨다(마태 13,22 참조). 마음으로부터 재물에 집착하는 영혼은 죄의 상처를 받기 마련임을 우리에게 깨우쳐 주시고자 하신 것이다.

●

때때로 자녀를 갖고 싶은 열망이 온 세상을 뒤흔들 만큼 맹렬한데, 그것은 허망한 짓이다. 우리는 그렇게까지 간절히 원한 자녀가 과연 착하고 하느님께 충실할지도 모르고 그 자녀를 통해 얻으려던 행복이 오히려 슬픔과 고뇌와 고통이 될지도 모른다.

●

욕망의 노예가 된 영혼은 마음을 옭아 맨 그물 속에서 허우적거릴 뿐이다. 아무리 노력해도 그물은 엉

켜 붙어 떨어지지 않는다. 귀찮고 잡다한 번민에서 한순간조차 벗어날 수 없는 것이다.

교만과 허영심

"인정을 받는 사람은 스스로 자신을 내세우는 자가 아니라 주님께서 내세워 주시는 사람입니다." (2코린 10,18)

●

높은 직책이나 뭐든지 뜻대로 되는 것을 좋아하는 영혼은, 하느님의 자유로운 자녀가 아니라 타락한 욕망의 노예다.

●

겸손하지 못한 영혼은 악마의 간계에 쉽게 빠지고, 거짓을 쉽게 믿게 된다.

●

오늘날에는 위대한 사업을 하는 신자들이 많이 있지만, 그런 일들은 영원한 생명에 아무런 영향도 끼치지 못한다. 사람들은 대부분 그런 것 안에서 자신의 헛된 욕구와 만족을 찾을 뿐, 하느님께 영광을 드리지 않는다.

●

자기의 선행에 만족하면 반드시 과대평가가 뒤따른다. 복음에서 볼 수 있는 바리사이파 사람들의 교만과 다른 많은 잘못의 근원이 바로 이런 것이다.

●

사람의 아들은 세상에 오시어 극도로 비참한 생활을 했다. 남의 눈에 띄는 일은 대부분 부패되어 별 가치가 없으며, 적어도 하느님 대전에서는 결점투성이이고 불완전하다. 왜냐하면 이해관계나 타인에 대한 체면 때문에 그 마음이 참으로 순결하거나 자유롭지 못하기 때문이다.

우리는 무엇을 하고 있는가? 하느님께서 창조하시고 드높은 곳으로 부르심받은 영혼들이여, 무엇에 마음이 사로잡혀 있는가? 오, 슬프게도 아담의 자손이 소경과 귀머거리가 되었도다! 그렇듯 눈부신 빛 속에서 아무것도 보지 못하고, 그렇듯 힘차게 부르시는 소리에서 아무것도 듣지 못하는구나! 높은 것과 영광만을 찾아 헤매지만, 비참함과 자기 비하 속에서 꿈틀거릴 뿐이다. 그러면서 자신을 날이 갈수록 더욱 값어치 없는 존재로 깎아내리고 있다.

무질서한 경향

"자기들끼리 영광을 주고받으면서
한 분이신 하느님에게서 받는 영광은 추구하지 않으니,
너희가 어떻게 믿을 수 있겠느냐?" (요한 5,44)

●

무절제한 사랑으로 피조물을 사랑하는 사람은, 그 좋아하는 피조물처럼 낮고 낮은 존재가 된다. 어쩌면 그보다 더 낮을 수도 있다. 사랑이란, 사랑하는 사람을 사랑하는 대상과 비슷하게 만들 뿐 아니라, 그 대상에 종속시키기 때문이다.

●

영혼이 욕정을 극복하고 질서가 잡힐 때, 우리의 마음은 온갖 덕의 원천이 된다. 그러나 영혼이 욕구로 어지러워지면, 같은 원천에서 모든 악덕과 불완전이 발생한다.

●

욕망은 영혼 안에 작용하는 하느님의 얼을 앗아 가 버리고, 영혼에게 피로와 고통, 어둠과 더러움, 그리고 굶주림이라는 상처를 입힌다.

Ⅰ. 극복되지 않은 욕망은 영혼을 피로하게 한다

●

하느님의 상에서 떨어지는 빵 부스러기는 피조물을 나타낸다(마르 7,24-30 참조). 따라서 세상 것으로 마음을 채우려는 사람들이 개라고 불리는 것은 당연하다. 이런 사람은 개처럼 허덕이며 돌아다니지만, 부스러기로는 허기만 더할 뿐 굶주림은 가시지 않는다.

●

욕망은 가만히 있지 못하고 무엇인가 못마땅해하는 철부지 어린애와 같다. 또는 열이 있는 병자와 같아, 열이 내릴 때까지는 개운치 않고 점점 더 갈증이 심해진다.

●

피조물로 욕심을 채우고, 그 욕심을 극복하지 않는 영혼은 하느님을 차지하지 못할 뿐만 아니라, 무거운 수레를 끌고 언덕을 올라가는 사람과 같다.

II. 극복되지 않은 욕망은 영혼에게 고통을 준다

●

욕망의 노예가 된 영혼의 괴로움과 슬픔은 적에게 사로잡힌 포로가 당하는 고통과 비슷하다.

●

욕망 속에서 쉼을 찾으려는 영혼은 가시덤불 위에 알몸으로 있는 영혼처럼 고통스럽게 된다. 가시처럼 뾰족한 욕망은 영혼에게 사정없이 상처를 입히며, 영혼을 괴롭히고 아프게 한다.

Ⅲ. 욕망은 영혼을 어둡게 한다

●

구름이 하늘을 어둡게 하여 밝은 태양이 비치지 못하게 하듯, 재물에 대한 탐욕에 사로잡힌 영혼은 이성이 어두워져서, 이성의 태양도, 하느님의 초자연적 지혜의 태양도 비치지 못한다.

●

아름다운 빛을 향한 욕망이 불나비를 홀려 화롯불로 유인한다면, 그 불나비의 눈은 고마운 것이 아니다. 불빛에 홀린 물고기도 어부가 쳐 놓은 함정을 보지 못한다. 그 빛은 오히려 물고기에게 어두운 구실을 할 뿐이다. 욕망을 키우는 자도 이와 마찬가지다.

●

욕망에 눈이 먼 사람은 하느님의 일을 사실 그대로 판단하기가 어렵다. 구름이 끼어 있는 동안 하늘은 흐리멍텅해져서, 단지 구름일 뿐인데도 그때그때 색깔이 변해 보인다. 이처럼 욕망의 구름에 가려진 영혼은, 하느님의 것은 그분의 것이 아닌 것 같고 하느님의 것이 아닌 것은 그분의 것인 양 생각한다.

IV. 욕망은 영혼을 더럽힌다

●

끈끈이에 잡힌 새가 다시 날려면, 우선 장애물을 벗어난 뒤 날개를 깨끗이 해야 하는 이중의 노고를 치러야 한다. 이처럼 재물에 대한 탐욕에 사로잡힌 영혼도 아집을 끊고 자신을 정갈하게 하는 두 가지 노력을 해야 한다.

●

밝고 고운 얼굴이 그을음에 더럽혀지듯, 영혼의 불순한 욕정도 우리 영혼 안에 계시는 하느님의 지극한 아름다움을 가시게 한다.

●

"역청을 만지는 자는 손을 더럽히고, 거만한 자와 어울리는 자는 그를 닮는다."(집회 13,1)라는 성경 말씀이 있다. 역청을 만진다는 것은 피조물로 마음의 욕망을 채운다는 뜻이다.

●

고르지 못한 욕정이 영혼에 끼치는 불쾌하고 부끄럽고 추악한 것을 나타낼 적당한 표현이 없다. 지겨운 구더기가 득실거린다거나, 상상할 수도 없는 그 어떤 더럽고 구역질나는 것이 있다손 치더라도, 도저히 그에 비길 수 없을 것이다.

V. 고르지 못한 욕망은 영혼을 야위게 한다

●

제어하지 못한 욕망이 영혼의 힘을 약하게 만드는 것은, 나무 둘레에 돋아난 새순들이 많아서 열매가

열리지 못하는 것과 같다.

●

병든 이가 보행이 어렵고 입맛을 잃고 모든 것에 싫증을 느낀다 해도, 피조물에 애착한 영혼이 덕을 닦는 데서 느끼는 싫증과는 비교가 안 된다.

●

많은 영혼이 덕을 닦고자 하는 뜨거운 소망을 품지 못하는 것은, 그 사랑이 불순하고 하느님 이외의 것을 찾기 때문이다.

●

독사 새끼는 어미 뱃속에서 자라면서 제 어미를 먹고, 결국 어미를 희생시키면서 저만 산다. 이처럼 끊어지지 않은 욕망도 하느님 안에 있는 영혼을 죽이기에 이른다. 그렇게 된 원인은 영혼이 먼저 그 욕망을 죽이지 않았기 때문이다.

●

많은 결실을 거두려면 기름진 땅을 힘들여 경작해야 한다. 수고하지 않으면 잡초만 무성해질 뿐이다. 이와 마찬가지로 영혼의 순결을 지키려면 욕망을 끊어야 한다.

●

장작이 불타오르려면 적당한 열기가 필요하듯이 하느님과 완전히 합일하려면 우리 안에 단 한 가지라도 불완전한 부분이 없어야 한다. 비록 단 한 가지라도 불완전한 무엇이 남아 있다면, 하느님과 완전히 합일할 수 없다.

●

줄이 가늘거나 굵거나 간에, 새를 묶은 줄이 끊어지

지 않으면 그 새는 날지 못한다. 이와 같이 아무리 하찮은 것일지라도 집착을 끊지 않는 영혼은 하느님과 합일하는 자유에 도달하지 못한다.

●

우리 마음의 욕망과 집착은 배를 멈추게 하는 빨판상어와 같은 성질을 가지고 있다. 이 상어는 몸뚱이가 작지만 일단 배에 착 달라붙기만 하면, 배가 항구에 닿게 하기는커녕 조금도 앞으로 나갈 수 없게 만들어 버린다.

●

우리가 아이와 같은 욕심을 끝내 버리지 않아서 얼마나 큰 행복과 풍요로움을 잃어버리는가를 깨닫는다면! 달콤함을 찾지 않아야, 만나 안에 있는 온갖 풍요로운 영적 양식을 발견할 수 있다는 것을 깨닫는다면!

●

만나 안에 모든 음식의 맛이 있었건만 이스라엘 사람들이 그 진미를 모른 까닭은, 오직 만나에만 그 욕구를 집중시키지 않은 탓이다. 그들이 원하는 것을 채우고도 남을 모든 맛과 힘을 만나 안에서 찾지 못한 것은, 그들이 다른 것을 원했기 때문이다.

●

작은 불티가 큰 화재를 일으킬 수 있다. 마찬가지로 한 가지 하찮은 잘못이 다른 많은 불완전한 경향을 낳게 한다. 따라서 욕망 끊기를 등한시한 영혼은 예외 없이 시작의 연약함과 완전치 못한 데서 생긴 재물에 대한 탐욕에 지고 말 것이다.

●

비록 작은 욕망이라도 의식적으로 계속 갖고 있다면, 그것이 습관이 되어 완덕의 길에 가장 무서운 장애가 된다.

●

습관적으로 갖게 되는 작은 욕망은 다른 많은 불완전한 것보다 덕을 닦아 나가는 데 훨씬 더 큰 장애가 된다. 설령 매우 큰 욕망이라도 습관이 되지 않은 것이 보다 낫다.

●

하느님께서는 전능하신 당신의 큰 자비로 영혼들을 세상에서나 큰 잘못의 기회에서 보호해 주신다. 그럼에도 계속해서 자신들의 결점을 고치지 않고 태만하며 비겁한 행동을 할 때, 하느님은 의로운 불만을 품으신다. 그리고 벌로 그 영혼이 어지러운 욕정을 따르며 악에서 악으로 타락하도록 내버려 두신다.

2

하느님께 나아갈 때
우리는
어떤 마음가짐을
가져야 하는가?

하느님을 두려워함

"영혼도 육신도 지옥에서 멸망시키실 수 있는 분을 두려워하여라." (마태 10,28)

●

행복이나 만족을 느끼거든 곧바로 참되고 두려운 마음으로 하느님께 나아가라. 그러면 그대는 허영심이나 오류에 빠지지 않을 것이다.

●

현세에서 성공했다고 기뻐하지 마라. 그대의 영원한 생명은 결코 그런 것으로 보장되지 않기 때문이다.

●

모든 일이 뜻대로 되고, 하느님께 청하여 성공하게 되더라도, 기뻐하기보다는 오히려 두려워해야 한다. 성공에는 하느님을 잊고 그분을 거스를 위험이 많기 때문이다.

●

헛된 즐거움에 취하지 마라. 그것에 취하면 수없이 많은 죄를 짓게 되며, 현재 자신이 하고 있는 일이 과연 하느님의 뜻에 맞는지 알지 못하게 된다. 그러니 하느님께 겸허한 신뢰심을 갖고 그분을 두려워하는 마음을 잊지 마라.

●

어떻게 아무런 두려운 마음도 없이 그렇게 좋아할 수 있는가? 그것은 한 치 앞을 내다보지 못하는 행동이 아닐까? 언젠가 하느님 대전에 나아가, 가장 사소한 말이나 생각에 이르기까지 모두 보고드려야 할 텐데….

●

부르심을 받은 사람은 많으나, 뽑히는 사람은 적다는 사실을 잊지 마라. 만일 그대가 자신의 영혼을 돌보지 않는다면, 영원한 생명보다는 멸망이 확실할 것이다. 영원한 생명의 길은 아주 좁기에 더욱 그렇다.

●

하느님께서 베푸신 시간을 하느님을 섬기는 데 쓰지 않는다면, 그대는 임종 때 견딜 수 없는 고통을 받게 될 것이다. 왜 그대는, 하느님께서 요구하신 대로 다 하여 임종 때 평안함을 얻으려 하지 않는가?

예수 그리스도를 본받음

"누구든지 나를 통하여 들어오면 구원을 받고, 또 드나들며 풀밭을 찾아 얻을 것이다."(요한 10,9)

●

예수 그리스도를 본받는 것 외에 다른 영적 진보의 길은 없다. 예수 그리스도는 길이요 진리요 생명이며, 또한 구원의 유일한 문이다. 그러므로 만일 누구든지 쉽고 편한 길을 걷고 싶다면, 그것은 예수님을 본받는 길이 아니기에, 나는 그런 정신을 좋은 것이라고 인정할 수 없다.

●

그대의 가장 큰 관심사와 모든 행동이 주님을 본받으려는 열렬한 사랑으로 충만하기를 바라는 것이기를! 주님께서 그렇게 하시리라 생각되는 대로 생각하고 행동하려고 노력하라.

●

어떠한 원의나 낙이라도, 그것이 하느님의 영예와 영광을 위한 순수한 것이 아닐 때에는, 예수 그리스도의 사랑으로 그 모든 것을 버려야 한다. 주님께서는 이승에 사실 때 "내 양식"(요한 4,34)이라고 한 아버지의 뜻 외에는 아무런 기호도, 소망도 갖지 않으셨다.

●

설령 뛰어나게 거룩한 사람일지라도 결코 그 사람을 그대의 모든 행동의 본보기로 삼아서는 안 된다. 분명 악마는 그 사람의 부족한 점을 본받게 할 것이다. 그러나 가장 거룩하시고 가장 완전하신 예수 그리스도를 본받는다면, 그대는 결코 잘못될 위험이 없다.

●

내적, 외적으로 늘 그리스도와 함께 십자가에 못 박

혀 살라. 그러면 그대는 이미 현세에서 그리스도의 오롯한 평화를 깨치고, 그리스도의 인내 속에서 그 평화를 간직하게 될 것이다.

●

그대에게는 십자가에 못 박히신 그리스도만으로 충분하기에, 다른 아무것도 필요치 않다. 그리스도와 함께 고통받고 그리스도와 함께 쉬어라. 그리스도 없는 고통이나 쉼을 찾지 마라. 그리하려면 온갖 외적인 것에서 애착을 끊어 버리고, 내적으로는 자신을 온통 비워야 한다.

●

자신을 조금이라도 무엇이라도 되는 것처럼 생각하는 사람은 자아 포기를 모를 뿐만 아니라, 진정 그리스도를 따르고 있다고 할 수 없다.

●

온갖 재화와 보물보다 어려움을 더 좋아하라. 그리고 그런 재화와 보물을 하찮은 것이라고 생각하라. 그대를 위해서 자신의 생명까지 주저하지 않고 버리신 그대 영혼의 천상 정배께 기쁨을 올려드리기 위해서다.

●

진정 예수 그리스도를 차지하고 싶다면, 결코 십자가 없는 그리스도를 찾지 마라.

●

그리스도의 십자가를 찾지 않는 사람은 그리스도의 영광도 바라지 않는 사람이다.

●

시련을 당할 때, 모욕을 받으시고 십자가에 못 박히

신 위대한 하느님을 조금이라도 닮을 수 있도록 기도하라. 이승살이에서 주님을 닮는 것이 아니라면, 무슨 유익이 있으랴!

●

그리스도를 위해 괴로움을 견딜 줄 모르는 사람이 과연 무엇을 안다고 하겠는가? 주님을 위해 참는 고통과 수고가 많으면 많을수록, 그것을 견디는 사람은 그만큼 선망의 대상이 될 가치가 있다.

●

주님의 은총과 사랑을 거절할 사람은 아무도 없다. 그러나 하느님의 아들과 함께 노고와 어려움을 받으려는 사람은 그 얼마나 드문가?

●

자칭 예수 그리스도의 벗이라는 사람들까지도 아주

조금밖에는 주님을 알지 못한다. 그것은 그들은 주님께 고통 대신 위로만을 찾기 때문이다.

향주삼덕

"세 겹으로 꼬인 줄은 쉽게 끊어지지 않는다."(코헬 4,12)

●

향주삼덕은 하느님 외에 모든 것으로부터 영혼을 보호하는 역할을 하기에, 마땅히 하느님과 영혼의 합일을 도모한다.

●

만약 영성 생활에서 이 세 가지 덕을 굳건히 실천하지 않으면, 오롯한 하느님 사랑에 이를 수 없다.

1. 애덕(愛德)

"이 모든 것 위에 사랑을 입으십시오.
사랑은 완전하게 묶어 주는 끈입니다."(콜로 3,14)

●

영혼의 힘은 능력과 정열, 그리고 욕구에 있다. 우리 의지로 이것을 하느님 아닌 모든 것에서 떼어 오로지 하느님께로만 향하게 할 때, 그 힘은 하느님을 섬기는 데에 이바지하게 된다. 그러면 영혼은 주님께서 친히 명하신 대로 모든 힘을 다하여 하느님을 사랑하게 된다.

●

애덕은 아름다운 붉은 옷으로 영혼을 꾸미는 것과 같다. 그것은 믿음의 순백색과 희망의 푸르름이 지닌 우아함과 견고함의 미를 돋보이게 할 뿐 아니라, 다른 모든 덕의 아름다움도 북돋아 준다. 애덕 없이는 어떠한 덕도 하느님 대전에 무가치하다.

●

하느님에 대한 사랑은 깊은 감동을 느끼는 데 있는 것이 아니라, 가난함을 좋아하고 사랑하는 분을 위해 고통을 감수하는 데 있다.

●

하느님께서는 그대가 모든 힘을 다해 당신께 봉사하는 것보다, 그대의 마음이 조금이라도 더 깨끗해지기를 바라신다.

●

'하느님 안에서 하느님을 찾는다.'는 것은 하느님을 위해 모든 위로를 희생한다는 것이다. 그리고 하느님 일에서나 세상 일에서 자신의 기호에 제일 맞지 않는 것을 스스로 가리려는 마음 자세다. 진정한 사랑이란 바로 이런 것이다.

●

하느님 마음에 맞는 것이 많은 업적을 쌓는 것이라고 생각해서는 안 된다. 무엇에도 애착하지 않고 누구에게도 관심을 두지 않은 채, 오로지 선의로써 행동하는 것이 하느님 마음에 맞는 것이다.

●

하느님 이외에 그 어느 것에도 만족을 느끼지 않게 된 사람은 진정 하느님을 사랑하는 영혼이다.

●

자주 손질하는 머리카락은 부드러워 빗질하기 쉽다. 영혼도 이와 마찬가지다. 규칙적인 성찰로 영혼의 머리카락인 생각과 말과 행위를 빗질하며 오로지 하느님의 사랑만을 위해 모든 일을 한다면, 그 머릿

결은 아름다워질 것이다. 그리고 영혼의 정배께서는 사랑하는 이의 목에 늘어진 머리카락에 반하여 마음을 빼앗기고, 그 눈길에서 사랑의 상처를 입게 될 것이다. 눈길이란 영혼의 모든 행동을 지배하는 순결한 지향이다.

●

머릿결을 곱게 하려면 무엇보다 먼저 깨끗하게 손질을 잘해야 한다. 마찬가지로 우리의 행동이 순수하고 완전하려면, 모든 것을 하느님에 대한 사랑이라는 아주 숭고한 동기로 시작하지 않으면 안 된다.

●

말과 생각에 재갈을 물리고 마음의 모든 애정을 늘 하느님께로 향하게 한다면, 영혼은 단시간에 하느님 사랑에 불타오를 것이다. 이 권고를 자주 읽어라.

●

끊임없이 하느님께 기쁨을 드리려고 노력하라. 그대 위에 하느님의 뜻이 이루어지기를 구하고 깊이 사랑하라. 우리에게는 이렇게 해야 할 의무가 있다.

●

우리가 갖고 있는 모든 것은 하느님께서 우리에게 빌려 주신 것에 불과하다. 본질적으로 선이란, 하느님 이외에 다른 것이 아니기 때문이다. 하느님께서는 활동하신다. 그리고 모든 선한 행위는 하느님께로부터 비롯되며, 하느님께로 귀결한다.

●

하느님의 은총은 순식간에 우리가 일생을 통해 이룩한 온갖 선보다 더 우리를 풍성하게 한다.

●

어느 시대에도 주님께서는 당신의 예지와 영적 보화를 사람들에게 나타내 보이셨다. 그리고 특히 악이 기승하는 오늘날에는 더더욱 아낌없이 당신의 부를 나타내신다.

●

하느님께서 한 영혼의 그릇된 욕망을 정화시키실 때, 어떤 의미에서는 그 영혼을 허무에서 창조하실 때보다 더 위대한 업적을 이룩하신다고 할 수 있다. 왜냐하면 허무는 하느님을 거스르지 않지만, 질서를 벗어난 인간의 욕망은 지존하신 하느님께 반항하기 때문이다.

●

하느님께서는 본질상 하느님이시기에, 우리를 당신의 본질에 참여시켜 당신과 하나 되기를 바라신다.

마치 불에 닿으면 모든 것이 불이 되는 것처럼….

●

이생의 끝 날 사랑에 대해 심판을 받으리라. 그러므로 자기 자신을 잊고 하느님께서 바라시는 사랑으로 주님을 사랑하도록 노력하라.

●

하느님을 온전히 소유하려거든, 먼저 자기 자신을 아낌없이 송두리째 하느님께 드려야 한다.

●

불완전한 영혼, 즉 사랑의 길에 들어선 초심자는 새로 담근 포도주와 같다. 결점의 찌끼가 가라앉을 때까지, 그리고 욕정과 감각적인 비속한 기호의 발효가 끝나기 전까지는 늘 상하기가 쉽다.

●

우리의 의지가 하느님 안에 굳건히 서 있지 못한 상태에서 피조물이 이끄는 대로 흔들린다면, 욕정은 영혼에 힘을 떨치며 몹시 괴롭힌다. 이렇게 되면 영혼은 쉽게 무가치한 것에 즐거움을 두고, 무익한 것을 바라며, 기뻐해야 할 것을 슬퍼하고, 두려워할 가치도 없는 것에 두려움을 느낀다.

●

엄위하신 하느님께서는, 사람들이 자기 영혼의 양식을 찾는 과정에서 하느님만으로 만족하지 않고 본성대로 하느님 이외의 다른 것을 추구하는 것을 대단히 싫어하신다.

●

하느님을 사랑하면서 동시에 다른 무엇을 사랑하려는 행위는 하느님을 더할 수 없이 경멸하는 것이다.

왜냐하면 하느님에 비해 한없이 가치 없는 것을 하느님과 같은 수준에 두기 때문이다.

●

허약한 병자는 노동을 할 수 없다. 마찬가지로 인색하게 하느님을 겨우겨우 사랑하는 영혼은 덕을 완전하게 실천할 수 없다.

●

하느님 안에서 자신을 찾는다는 것은 달콤함과 위로를 추구하는 것이다. 이것은 하느님에 대한 순수한 사랑과는 상반되는 것이다.

●

묵상과 자아 포기의 삶을 살면서, 하느님보다 하느님께서 주시는 선물에 더 큰 관심을 갖는 것은 큰 악이다.

●

하느님의 은사와 은총이 충만하기를 바라며 하느님 안에서 기쁨과 즐거움, 위로를 찾는 사람은 많다. 그러나 자신의 기호 따위에 구애되지 않고 오로지 하느님만을 기쁘게 해 드리고자 고통을 참고 희생을 바치려고 노력하는 사람은 그 얼마나 드문가!

●

영성 생활을 영위하며 덕이 있다는 사람이라 해도, 선을 행하겠다는 확고한 결심을 지닌 이들은 드물다. 그 이유는, 그 역시도 세상의 영향 안에 있고, 나약함 때문에 자신을 포기하지 못하기 때문이다. 오롯이 순수하게 그리스도만을 위하여 일하며 남들이 뭐라 하는지, 내가 외면상 어떻게 보이는지에 대해 완전히 눈을 감을 만큼 자신을 초월하지 못했기 때문이다.

●

영성 생활에 눈뜬 사람들이나 일반 신자들이나, 모두 지나치게 자기 의지에 애착하고 자기가 한 일에 만족한다. 하느님에 대해 자신의 이익이나 위로, 본성의 기호, 인간적인 다른 동기가 전혀 섞이지 않은 순수한 사랑으로 행동하는 영혼은 좀처럼 찾아보기 어렵다.

●

하느님께 전적으로 마음을 바친 적도 없고 하느님께서 그들을 사랑하는 대상으로 삼아 주시지도 않았는데, 그분을 자신의 천상 정배이자 자신이 가장 사랑하는 분이라고 말하는 사람들이 있다.

●

하느님께서 그대에게 바라는 것이 아닌 다른 것을 그분께 바친들 무슨 소용이 있겠는가? 무엇을 원하시는지 잘 알고 그대로 하라. 그러면 그대는 본성의 경향대로 기울 때보다 훨씬 큰 만족을 느끼리라.

●

하느님 안에서 오롯한 행복을 찾으려면, 오로지 하느님만으로 만족해야 한다. 설령 천국에 있다 해도, 의지로써 하느님만을 사랑하지 않는다면 만족할 수 없다. 우리의 마음속에 다른 애정이 조금이라도 남아 있는 한, 결코 완전한 행복을 누릴 수 없다.

●

향이 공기에 닿으면, 그 짙은 향기와 상쾌함이 차츰 사라져 간다. 마찬가지로, 마음 깊이 숨어서 사랑을 다하여 하느님께 집중하지 않는 영혼은 덕을 상실하게 된다.

●

하느님 이외에 아무것도 원치 않는 영혼은 결코 어둠 속을 걷지 않는다. 비록 스스로는 자기 자신을 무지하고 제일 가련한 인간이라고 생각할지라도….

●

영혼이 하느님을 위해 기쁘게 고통을 받으려고 늘 마음을 준비하는 것은, 참으로 하느님께 자신을 바치며 사랑하고 있다는 증거다.

●

영신의 메마름이나 고독 속에서, 또 하느님을 잘 섬겨 드리지 못하는 쓰라림 속에서도 끊임없이 하느님에 대한 봉사에 세심한 정성을 게을리하지 않는다면, 정녕 좋은 희생의 향기를 바치는 것이다.

●

하느님께서는 누군가 당신을 진정으로 사랑하는 것을 보시면 그 영혼의 소망을 쉽게 들어 허락하신다.

●

애덕이라는 방패 뒤에 숨어 있는 영혼은 원수인 육신에서 안전하게 보호된다. 이처럼 하느님에 대한 진정한 사랑에는 자애심이나 이기심 따위가 스며들 수 없다.

●

하느님을 사랑하는 영혼은 양선하고 평화로우며, 고요하며 겸손하고 참을성이 많지만, 자신을 사랑하는 영혼은 냉혹하고 점점 더 완고해진다.
아, 예수님! 당신의 사랑으로 영혼을 거룩하게 해 주시지 않으신다면, 영혼은 언제까지나 냉혹한 천성을 벗어나지 못할 것입니다.

●

사랑에 불타는 영혼은 조금도 피로하지 않고, 또 남을 피로하게 만들지도 않는다.

●

그대의 모든 생각들을 무한히 높은 지혜, 사람들 눈에 보이지 않는 신비로 향하게 하라. 아! 하느님 안에는 평화, 기막힌 사랑, 깊은 침묵이 얼마나 넘치는가! 하느님께서는 거기에서 형언하기 어려운 숭고한 학문을 몸소 가르치신다. 이런 비약은 우리를 하느님의 신비로 상승하게 하는 행동이며, 우리의 마음속에 세찬 사랑을 타오르게 한다.

●

하느님과 자기 자신에 대해 알지 못하고서는, 하느님에 대한 오롯한 사랑이 존재할 수 없다.

●

오롯한 사랑의 특징은, 자신을 위해서는 아무것도 원하지 않을 뿐만 아니라, 그 무엇도 자신에게 돌리지 않고 모든 것을 오로지 사랑하는 분께 돌리는 것이다. 현세적인 사랑에서도 이렇다면, 하물며 하느님에 대한 사랑에 있어서야 더 말할 여지가 없는 것이다.

●

오랫동안 하느님의 벗으로 살아온 영혼이라면 하느님에 대한 의무를 소홀히 하는 일은 거의 없다. 왜냐하면 그들은 충실치 못한 원인이 되는 모든 것에서 초월해 있기 때문이다.

●

진실한 사랑은, 순경이나 역경을 한결같은 마음으로 받아들이고, 모든 일에서 기쁨과 행복을 발견할 줄 안다.

●

하느님에 대한 사랑으로 하느님 아닌 모든 것에서 이탈하려고 노력하는 영혼은 머지않아 빛을 받아 하느님과 비슷하게 신(神)화되며, 하느님의 온갖 부를 소유하게 될 것이다.

●

악마는 하느님과 합일된 영혼을 하느님을 두려워하듯 두려워한다.

●

사랑으로 합일된 영혼에게는 본성의 첫 충동, 즉 아직 이성의 억제를 받지 않는 자연적인 움직임도 생기지 않는다.

●

마음의 순결은 하느님에 대한 사랑과 은총에 비례한다. 그래서 주님께서는 마음이 조촐한 자는 곧 사랑하는 사람이며, 그 사람은 행복하다고 하셨다. 천국의 영복은 우리가 지닌 사랑의 척도에 달려 있다.

●

진정으로 하느님을 사랑하는 영혼은 하느님을 위해서 하는 일이라면 누구 앞이라도 꺼리지 않는다. 설령 온 세상 사람들이 비난한다 해도, 그것 때문에 자신의 행위를 부끄럽게 생각하고 감추는 일이 없다.

●

참으로 하느님을 사랑하는 영혼은 하느님을 위해 모든 것을 잃을 뿐만 아니라, 자기 자신마저 버리는 것을 이로운 것으로 여기고, 또 보상을 받는 것처럼 생각한다.

●

영혼이 하느님의 아름다움을 단 한 번, 그것도 순간 얼핏이라도 보았다면, 하느님을 영원히 뵈옵기 위해서 단 한 번뿐인 죽음을 열망할 뿐만 아니라, 가장 가혹한 죽음일지언정 몇 천만 번이라도 즐겨 받을 것이다.

●

하느님을 위해 가장 순수한 사랑으로 일하는 사람들은, 비록 아무도 알아주지 않아도 아랑곳하지 않는다. 하느님께조차도 알려 드리려 하지 않는다. 이런 사람들은 설령 하느님께서 영원토록 자신의 행동을 모르신다 해도 여전히 기쁨과 순수한 사랑으로 봉사할 것이다.

●

사랑을 한결같이 실천하는 것이 중요하다. 오롯한

사랑, 사랑의 절정에 이른 영혼은 현세에서나 후세에서나 하느님을 뵙지 않고는 오래 견딜 수 없다.

●

순수하게 오직 하느님만을 위해 한 행동은 그 깨끗한 마음 안에 그 마음의 주인이신 분의 오롯한 왕국을 이룩한다.

●

마음이 깨끗한 사람은 순경이나 역경에 흔들리지 않는다. 그런 영혼은 어떠한 환경에서든지 더욱 깨끗해지는 길을 찾고 선을 발견한다. 그러나 이와는 달리, 마음이 불순한 사람은 모든 환경에서 더욱 불순한 결실을 거둔다.

●

마음이 깨끗한 사람은 매사 하느님에 대한 감미롭고

조촐한 영성적인 기쁨과 사랑에 충만한 지식을 발견한다.

2. 이웃 사랑

"서로 남의 짐을 져 주십시오.
그러면 그리스도의 율법을 완수하게 될 것입니다."(갈라 6,2)

●

슬기는 사랑과 침묵, 그리고 욕망을 끊음으로써 얻어진다. 이웃의 말과 행동, 생활을 살피지 않고 모든 일에 묵묵히 참을 줄 아는 것이 가장 뛰어난 슬기다.

●

남의 일에 간섭하지 말고, 그것을 기억하지도 마라. 그러다가는 그대 자신의 일을 완수하지 못하게 될 것이다.

●

그대의 형제를 꺼려 하거나 의심하지 마라. 이런 것은 마음의 순결을 더럽힌다.

●

남의 약점에는 한마디도 귀 기울이지 마라. 누군가 다른 사람에 대한 불평을 말하면, 아무 말도 말아 달라고 겸손되이 청하라.

●

힘에 겨운 일을 부탁받더라도 결코 거절하지 마라. 누구에게나 친절하고 헌신적인 사람이 되어라.

●

덕을 갖춘 사람만이 사랑받을 가치가 있다. 그러므로 사람을 사랑할 때에는, 진정 하느님의 뜻에 맞고 온전히 자유로운 마음으로 사랑해야 한다.

●

피조물에 대한 사랑이 하느님 사랑에 뿌리박고 영성적일 때에는, 그 사랑이 더해짐에 따라 하느님에 대한 사랑도 깊어진다. 즉 그 피조물을 생각하며 하느님을 기쁘게 해 드리려고 노력한다. 이 두 가지 사랑은 서로 경쟁하면서 성장한다.

●

피조물에 대한 사랑이 감각적이고 온전히 인간적인 경향을 띤 애정일 때에는, 그 애정이 깊어 감에 따라 하느님에 대한 사랑이 식어 가고, 결국은 사라져 버린다. 그런 경우 피조물에 대한 기억은 양심의 가책을 남길 뿐이다.

●

주님께서는 "육에서 태어난 것은 육이고 영에서 태어난 것은 영이다."(요한 3,6)라고 말씀하셨다. 그러므로 욕정에서 생긴 사랑은 욕정으로 끝나고, 영에서 생긴 사랑은 영으로 우리 안에서 자란다. 이렇게 상반된 결과로 이 두 가지 사랑을 분별할 수 있다.

3. 신덕(信德)

*"믿음이 없이는 하느님 마음에 들 수 없습니다.
하느님께 나아가는 사람은 그분께서 계시다는 것과
그분께서 당신을 찾는 이들에게 상을 주신다는 것을
믿어야 합니다."*(히브 11,6)

●

바르고 확실한 단 하나의 길은 믿음의 길이다. 이 길은 덕을 향해 나아가려는 사람이 가야 할 길이다. 온갖 것이 감성을 두드리더라도, 그 온갖 빛에 눈을 감고 걸어가야 할 길이다.

●

참으로 하느님께 받은 영감인지 식별하려면 그 동기가 계명과 믿음에서 온것인지 살펴라. 영혼은 완전한 믿음으로 끊임없이 하느님께 가까이 간다.

●

믿음의 빛과 진리에 충실한 영혼은 오류에 빠질 위험 없이 안전하다. 보통 빗나간 길을 걷는 영혼은 자기의 욕구, 경향, 기호, 개인적인 생각이나 이치를 따른다. 이런 것은 하느님 봉사에 맞지 않는 경향이 있고, 지나치거나 또는 부족해서 죄를 범하게 한다.

●

믿음이 깊은 영혼은 교활하고 힘센 원수인 악마를 두려워하지 않고 나아갈 수 있다. 베드로 성인은 악마에 대항하는 가장 효과적인 방법이 "믿음을 굳건히 하여 악마에게 대항하십시오."(1베드 5,9)라고 말씀하셨다.

●

하느님께 가까이 나아가 그분과 합일하려면, 영혼은 모든 피조물을 말끔히 잊고 나아가는 것이 좋다.

사물을 볼 때 '항시 변하는 것'과 '이성으로 알아들을 수 있는 것'은 버리고, 영원히 변치 않고 알아들을 수 없는 존재, 즉 하느님을 선택할 줄 알아야 한다.

●

순수한 믿음만으로 하느님을 찾아라. 물질세계에서는 빛이 있어서 걸려 넘어지려는 사람을 구해 주지만, 하느님의 일에서는 그와 반대다. 보지 않는 것이 훨씬 좋을 뿐만 아니라, 영혼에게는 더욱 안전하다.

●

이승에서는 "그러하시다."보다는 "그렇지 않으시다."라는 부정적인 서술을 통해서 하느님을 알 수 있다. 하느님께 가까이 나아가려는 영혼은 할 수 있는 한 일체의 자연적, 초자연적 지각을 온전히 버려야 한다.

● 하느님에 대한 사랑이 성장하기 위해서는, 어떠한 초자연적인 일을 느끼거나 아는 것보다, 온갖 빛을 송두리째 벗어난 생소한 믿음과 소망의 아주 작은 행위가 훨씬 큰 도움이 된다.

● 생물 발생의 법칙에 의하면, 생물이 새로운 형태를 취하려면 먼저 이전의 형태를 탈피해야 한다. 이와 마찬가지로 영성 생활에서도 영혼이 동물적, 감각적인 생명에서 벗어나지 않는 한 순수한 영적 생명을 얻을 수 없다.

● 그대의 영혼에 하느님의 모상을 뚜렷하고 조촐히 간직하려면, 그 어떤 피조물에도 기울지 말아야 한다. 오히려 온갖 피조물에서 이탈하고 정신을 비워라.

그래야 그 어떤 피조물과도 닮지 않은 하느님의 빛 안에서 걷게 되리라.

●

가장 오롯한 잠심(潛心)은 신앙 속에 잠기는 것이다. 거기서 성령은 친히 영혼의 빛이 되어 주신다. 그러나 영혼의 믿음이 완전해져 더할 나위 없이 순결하고 조촐하게 되면 될수록, 하느님께서 부어 넣어 주시는 사랑과 초자연적 빛의 은총을 훨씬 풍요롭게 받는다.

●

물론 영구적이 아니라 일시적인 것이기는 하지만, 현세에서 영혼에게 베푸시는 가장 아름다운 주님의 은총 중의 하나는 하느님에 대한 매우 선명하고 높은 직관과 느낌이다. 그러나 하느님께서는, 이 은총으로 현세에서 영혼이 하느님에 대한 완전한 인식과 감각을 얻는 것이 불가능함을 알리신다.

●

자신의 지식, 기호, 감정에 사로잡혀 있는 사람은 하느님을 향하는 데 몹시 위험스러울 뿐만 아니라, 조금도 목적에 맞지 않는 방법을 쓰고 있는 것이다. 그러나 그것은 진정한 안내자인 믿음에 전적으로 의지하지 않고 있기 때문에, 쉽게 길을 잃고 제자리걸음을 할 뿐이다.

●

현대에서 흔히 볼 수 있는 한심스러운 현상은, 자신의 영성 관념을 지니지 못한 사람들이 묵상 동안 마음 저 밑바닥에서 그 어떤 '내적인 소리'를 듣고 즉시 그것을 초자연적인 계시라고 단정해 버리는 것이다. 그들은 그런 확신에서 아주 예사롭게 "하느님께서는 내게 이렇게 말씀하셨다.", 혹은 "하느님께서 내게 이런 대답을 주셨다."라고 말한다. 그러나 그것은 착각이며, 그러기를 바랐던 자신에게 속아 자문자답한 것에 불과하다. 이런 현상은 가끔 나타난다.

●

오늘날 환시나 계시를 하느님께 청하는 사람이 있다면, 그것은 하느님을 모욕하는 것이다. 왜냐하면 그런 사람은 그리스도께만 눈길을 쏟고 있지 않기 때문이다. 아마도 하느님께서는 그런 사람들에게 분명 이렇게 대답하시리라.

"'이(예수님)는 내 사랑하는 아들, 내 마음에 드는 아들이니, 그 말을 들어라.' 유별난 가르침을 바라지 마라. 나의 아들에게 나는 다 말했다. 내 아들에게서 네가 바라는 모든 것을 얻을 수 있게 하였다. 나는 내 아들을 네 형제, 스승, 벗, 속죄 제물, 그리고 보상으로 주었다."

◉

매사에 그리스도와 성교회의 가르침을 따라야 한다. 여기에 우리의 무지와 영적 나약함을 고치는 약이 있다. 그 가르침은 바른 길을 걷는 자에게 주어지고, 온갖 악을 예방하는 약이 된다. 이 길을 떠난 사람은 호기심의 죄에 떨어질 뿐만 아니라, 자신의 어리석음을 스스로 드러낸다.

◉

초자연적 방법으로 보게 된 일일지라도 그리스도의 가르침과 성직자들의 견해와 일치하지 않는 한, 결코 진리로 인정해서는 안 된다.

◉

사적인 계시를 원하는 것은 적어도 소죄라고 말할 수 있다. 이런 소망을 부추기거나 동의하는 사람도 같은 죄를 범하는 것이다. 아무리 그 지향이 좋다 해도 마찬가지다. 그런 것은 도무지 필요 없는 일이다. 우리가 행동하는 데에는 인간의 이성과 공적인 계시인 복음의 가르침으로도 넉넉하기 때문이다.

●

사적인 계시를 원하는 영혼은 믿음 가운데 쌓은 성덕을 점점 잃어 간다. 그것은 악마에게 문을 열어 주는 것이다. 악령은 영혼이 바라는 계시와 비슷한 여러 가지로 참된 계시인 양 교묘하게 속인다.

●

성인들의 예지란, 하느님의 계명과 복음적 권고를 부족함 없이 실천하면서 자신의 의지를 견고히 하느님께로 향하게 할 줄 아는 것이다.

4. 망덕(望德)

"우리는 낮에 속한 사람이니, 맑은 정신으로
믿음과 사랑의 갑옷을 입고 구원의 희망을 투구로 씁시다."
(1테살 5,8)

●

흔들림 없는 망덕은 하느님의 마음을 감동시키고 움직이게 하는 힘이 있다. 사랑의 합일에 이르려면, 오롯한 희망으로 하느님께만 의지하여 나아가야 한다. 하느님께 희망을 두지 않는 영혼은 아무것도 차지할 수 없다.

●

하느님을 향한 힘찬 망덕은 영원한 것에 대해 빠른 속도로 발전하게 해 주고 커다란 용기를 준다. 사실 이런 희망을 지닌 사람은, 이승의 모든 것을 영원한 생명에 비해 황량하고 보잘것없고 생명이 없는 무가치한 것으로밖에 생각하지 않는다.

●

망덕이 충만한 영혼은 모든 것에서 흔연히 이탈하고, 온갖 세속적인 옷과 겉치레를 벗어 버리고 아무 것에도 집착하지 않으며, 현재나 미래에도 희망을 두지 않고 오로지 이승에서부터 유일한 기쁨인 영원한 생명의 보화를 바랄 뿐이다.

●

하느님에 대한 생생한 희망으로 인간은 현세의 사물에서 마음을 완전히 초탈할 수 있고 세속의 올무에서 보호된다. 이런 영혼들은 지상적인 것에 애착하거나 거기에서 무엇을 찾는다는 것이 아예 불가능함을 알 뿐만 아니라, 그런 존재마저 잊게 된다.

●

시련의 때에는 지체하지 말고 주님께 달려가 그분께 의지하라. 그러면 하느님께서는, 그대가 한 말을 들으시어, 비추시고 가르치시리라.

●

하느님께 가까이 가려는 영혼은 현세적인 것에 조금도 애착을 가져서는 안 된다. 그것은 너무나 큰 불순명이며 불경이다. 의지의 동반이 없다면, 차라리 가장 추악한 유혹이나 형언키 어려운 어둠에 괴로워하면서 하느님 대전에 나아가는 것이 더 낫다. 이런 경우에 영혼은 조금도 두려워할 필요가 없다. 왜냐하면 "고생하며 무거운 짐을 진 너희는 모두 나에게 오너라. 내가 너희에게 안식을 주겠다."(마태 11,28)라고 하신 분의 뜻을 이룩하는 것이기 때문이다.

●

하느님께 영광을 드리기에 부족한 것을 채워 주시도록 지극히 높으신 분께 마음을 다해 간절히 바라라.

●

항상 하느님을 굳게 신뢰하라. 그대와 형제들 속에 하느님께서 제일 소중히 보시는 것, 즉 은총의 영적 보화를 항상 소중히 하라.

●

하느님께서 우리에게 더 많은 것을 베풀고자 하실 때면, 우리의 소망도 그만큼 키워 주신다. 우리 영혼을 당신의 재화와 보물로 충만하게 하시려고 우리를 무(無)로 돌리신다.

●

하느님께서는 당신 이외의 어떤 것에도 한눈팔지 않

고 오로지 당신만을 바라보는 영혼을 흐뭇해하신다.
이런 영혼은 바라는 대로 받는다.

3

하느님 안에서
우리는
어떻게 사는가?

하느님 안에서 우리를 이끄는 이

1. 천사(天使)

"그분께서 당신 천사들에게 명령하시어
네 모든 길에서 너를 지키게 하시리라."(시편 91,11)

●

우리 영혼의 목자인 천사는 하느님께 우리의 기도를 전달해 주고, 하느님의 말씀을 우리에게 전해 준다. 그렇게 하여 온화하고 부드러운 권고와 거룩한 영적 권고로 영혼을 기를 뿐만 아니라, 착한 목자로서 이리인 악마의 유혹에서 우리를 보호해 주고 도와준다.

●

천사들은 하느님에 대한 더 높고 더 심오한 지식을 고요히 영혼에게 전한다. 그리하여 영혼은 하느님 사랑으로 상처 입고 뜨거운 사랑의 불꽃으로 타오르게 된다.

●

하느님의 지혜는 천사들을 비추어 온갖 무지에서 들어 높이시는 것처럼 인간을 비추고, 모든 불완전과 잘못을 정화한다. 이 초자연적인 빛은 최고위의 천사로부터 가장 낮은 천사에 이르기까지, 그리고 그들을 통해 우리 영혼에까지 미친다.

●

천사는 신성에 참여한 순수한 영적인 존재이기에, 하느님의 빛을 아무런 장애 없이 받아 찬란히 빛을 발하며 사랑에 타고 있다. 하지만 순수한 영적 존재가 아닌 인간은 암흑, 고통, 고뇌를 통해서만 하느님의 빛을 받는다. 마치 안질 환자가 태양 빛을 바라볼 때 심한 통증을 느끼듯이….

● 사람을 정화하는 하느님의 사랑으로 재물에 대한 탐욕에서 벗어나 참된 영성인이 되면, 천사가 누리는 고요와 평화에 참여하게 되고, 빛에 충만한 은총으로 하느님과의 합일에 이르는 은총을 받게 된다. 현세에서부터 천사들보다 더 높은 빛을 하느님께 받은 영혼들이 있지 않은가?

● 하느님께서는 수호천사를 통해 은혜를 베푸실 때, 악마가 그것을 알고 허락된 범위 안에서 맹렬하게 방해하도록 대체로 버려두신다. 그 이유의 하나는 승리를 더욱 가치 있게 하려는 것이요, 다른 하나는 몸서리나는 그 유혹에서 더욱더 충실하게, 그리고 용감하게 대적한 영혼에게 한결 더 빛나는 보상을 받게 하려는 것이다.

●

수호천사가 우리의 오성을 비추어도, 반드시 실행하려는 마음까지 불러일으켜 주지는 않는다는 것을 명심하라. 실천하는 데는 이성과 오성으로 충분하니, 감각적 기호에 기울어서는 안 된다.

●

천사가 영혼에 유효한 힘을 주는 빛을 전하려 해도, 우리 마음이 하느님 이외의 것에 쏠려 있을 때에는 우리 영혼이 무감각한 상태로 닫혀 있을 뿐이다.

●

마음이 피조물에 사로잡혔다는 것을 깨달았을 때, 하느님을 섬기는 것 이외에, 인생을 즐긴다는 것이 얼마나 허무하고 덧없는 불행인가를 심사숙고하라. 태초에 천사들이 자신의 아름다움과 자연적 은혜를 향락하면서 생긴 불행을 생각하라. 그들은 소유하고 있던 일체의 미를 잃고 깊은 나락으로 떨어졌다.

2. 영성 지도자

"너와 화목하게 지내는 친구들을 많이 만들되
조언자는 천 명 가운데 하나만을 골라라."(집회 6,6)

●

나무토막에 불을 붙인 채 그대로 두면 더 이상 타지 않고 꺼져 버린다. 지도자 없는 고독한 영혼도 이와 마찬가지다.

●

스승이나 안내자의 도움을 원하지 않는 고독한 영혼은, 주인이나 관리인 없이 들판에 버려진 한 그루의 과일나무와도 같다. 열매를 맺는다 해도 쓸데없으며, 대부분 익기도 전에 나그네가 따 버리기에 헛일이 된다.

●

주인의 이익을 위해 잘 가꾸어지고 보존이 잘된 과일나무는 때가 되면 바라던 열매를 맺는다.

●

혼자서 넘어지면, 넘어진 채 그대로다. 자기 외에는 영혼을 받쳐 줄 사람이 아무도 없는 사람은 자신의 영혼을 소중하게 생각지 않는 사람이다.

●

무거운 짐을 진 채 넘어지면, 혼자서는 짐 때문에 일어나지 못한다.

●

소경은 넘어지면 혼자 일어날 수 없다. 설령 일어났다 해도 방향을 찾지 못해, 혼자서는 제대로 길을 갈 수가 없다.

● 혼자서 넘어지는 것이 두렵지 않은가? 또 어떻게 혼자 일어날 수 있다고 자만하는가? 혼자보다 둘이 결합하면 얼마나 강한지 생각하라.

● 그리스도께서는 "두 사람이나 세 사람이라도 내 이름으로 모인 곳에는 나도 함께 있기 때문이다."(마태 18,20)라고 말씀하셨다. 그러나 "한 사람이 있는 곳에"라고 하지 않으셨다. 이것은 아무도 자신을 믿어서는 안 된다는 것과, 성교회와 성직자들의 권고와 지도 없이 하느님에 관한 일이나 자신의 믿음을 굳힐 수 없다는 것을 깨닫게 하신 것이다.

● "고독한 자는 앙화(殃禍)로다."라고 성령께서 말씀하신다. 스승의 지도는 모든 영혼에게 필요하다. 둘이

협력하여 진리 안에서 사물을 보고 행동하면, 쉽게 악마를 대적할 수 있다.

●

하느님께서는, 인간들이 다른 사람의 지도에 따르는 것을 흐뭇해하신다. 따라서 초자연적인 계시를 받는다 해도, 적어도 다른 한 사람의 증언이 없을 때에는, 그것을 믿기를 바라지 않으신다.

●

하느님께서 어느 영혼에게 초자연적인 계시를 허락하시려면, 그것을 당신의 대리자인 교회의 성직자에게 열어 밝히게 하신다.

●

영혼을 지도하는 일은 아무나 할 수 있는 것이 아니다. 똑바로 목적을 향해 가고 있는지, 혹은 빗나간 길을 가고 있는지를 분간하는 일은 아주 중대하기 때문이다.

●

퇴보의 걱정 없이 전진하려는 영혼은 어떤 지도자를 찾아야 하는지 깊이 생각해야 한다. '그 스승에 그 제자', '그 아버지에 그 아들'이라는 속담은 다 의미심장한 말이다.

●

스승의 기호와 취향은 제자의 영혼에 쉽게 새겨진다.

●

영성 생활에서 좋은 지도자가 제일 먼저 할 일은, 제자에게 자신의 경향을 다스리게 하는 것이다. 그것은 욕망의 대상을 고스란히 버리게 하는 것으로, 이런 욕망을 끊어 버림으로써 우리가 얼마나 큰 비참함에서 자유롭게 되는지를 강조하는 것이다.

●

스승의 고상한 가르침이나 열띤 웅변, 유창한 문장이 아니라, 그것을 가르치는 스승의 내적 정신이 제자에게 영향을 주는 것이다.

●

아름다운 문장, 태도, 고상한 가르침 등에 성령이 작용하시면 더 큰 효과를 낼 수 있지만, 그렇지 않으면 단지 귀나 정신을 스치는 매력과 쾌감만을 느낄 뿐, 의지는 거의 조금도 선에 대한 열심이나 열정을 얻지 못할 것이다.

●

하느님의 법을 지키지도 않고, 스스로 좋은 정신을 갖고 있지도 않으면서 남에게 설교하는 자를, 하느님께서는 좋게 생각하시지 않는다.

●

완덕의 드높은 절정, 혹은 그 중간까지 가는 데에도, 학식과 신중함, 그리고 풍부한 경험을 지닌, 지도자로서 필요한 조건을 구비한 사람을 만나기란 참으로 어렵다.

●

영성 지도자가 지녀야 할 필요한 근본 조건은 학식과 현명함이다. 체험이 없는 지도자는 하느님께서 각 영혼을 이끄시는 대로 지도하지 못하고, 책에서 본 어설프고 빈약한 방법으로 영혼을 속박하여, 오히려 후퇴하게 만든다.

●

지도자는 영혼을 곧장 목적지로 인도할 책임이 있

다. 길을 잘못 인도하는 무모한 지도자는 영혼에게 끼친 손해에 따라 하느님의 벌을 면치 못할 것이다. 하느님에 관한 사정은 신중하고 현명하게 취급해야 하기 때문에 더욱 그렇다.

●

하느님께서 영혼을 이끄시는 길은 천차만별이므로, 이 영혼에 맞는 영적 지도가 저 영혼에게는 가당치도 않을 뿐 아니라, 여간해서는 영혼을 이끄는 길을 알 수 없다. 바오로 사도의 말씀처럼, 모든 이에게 모든 것이 될 수 있는 방법을 지도자는 어디서 발견할 수 있을까?

기도, 하느님과 대화하기

1. 기도의 필요성

"애야, 네가 병들었을 때 지체하지 말고 주님께 기도하여라. 그분께서 너를 고쳐 주시리라."(집회 38,9)

●

하느님께 바치는 가장 큰 공경은 복음적인 완덕으로 하느님을 섬기는 것이다. 그 밖의 다른 것은 그다지 유용하지 않다.

●

인간의 한 가지 생각이 온 세상보다 더 존귀하다. 우리의 생각은 마땅히 하느님께 향해야 한다. 하느님만이 우리 생각에 가치로운 대상이시다. 하느님과 연관 없는 생각은 하느님 것을 도둑질한 것과 같다.

●

자연은 모든 것에 질서와 조화를 요구한다. 무감각한 것은 감각적인 것을 요구하지 않는다. 감각적인 대상을 원하는 것은 바로 감각이다. 하느님의 영은 우리의 생각을 원하신다.

●

사도신경 한 번 외우는 만큼의 시간이라도 마음이 흩어질 것을 조심하라.

●

기도하지 않으면 악마를 물리치지 못하고, 겸손과 고행 없이는 악마의 올무를 발견하지 못한다. 그 이유는, 하느님의 무기는 기도와 그리스도의 십자가이기 때문이다.

갖은 고생과 궁핍, 고통과 어려움을 당할 때 가장 좋고 확실한 도움은, 하느님은 좋으신 방법으로 모든 것을 마련하신다는 희망에 찬 마음으로 기도하는 것이다.

2. 기도의 효능

"너희가 내 이름으로 청하는 것은 무엇이든지
내가 다 이루어 주겠다.
그리하여 아버지께서 아들을 통하여
영광스럽게 되시도록 하겠다."(요한 14,13)

●

하느님만을 끊임없는 그대의 정배, 가장 친밀한 벗으로 선택하라. 그러면 죄를 짓지 않고 사랑한다는 것이 어떤 것인지를 알게 되고, 다가오는 모든 일들은 좋은 결과를 낳게 되리라.

●

영혼 깊숙이 들어가 늘 천상 정배이신 하느님 대전에서 살라. 하느님께서는 그곳에서 영혼에게 선을 베풀고 계신다.

●

끊임없이 하느님 대전에 머무르며 떠나지 마라. 그리고 하느님께서 영혼에게 가르치시는 마음의 조촐함을 간직하라.

●

기도는 영적 메마름을 가시게 하며, 열렬한 신심을 복돋아 주고, 깊은 내적 수련으로 덕행을 쌓게 한다.

●

남의 결점에 유의치 마라. 고요 가운데 하느님과의 끊임없는 대화 중에 머물러라. 그러면 영혼은 커다란 불완전을 피하고 깊은 덕을 얻을 수 있을 것이다.

●

하느님을 향한 기도가 순수하고 단순하게 이루어

질 때, 아무리 오랜 시간이라도 매우 짧게 느껴진다. '하늘을 뚫은 기도'란 바로 이런 것을 말한다.

3. 기도의 특성

"주님께서는 당신을 부르는 모든 이에게,
당신을 진실하게 부르는 모든 이에게 가까이 계시다."(시편 145,18)

●

우리의 오관과 기능을 피조물에게 필요 이상으로 사용하지 말아야 한다. 온갖 것에서 이탈하여 오로지 하느님만을 위해 간직하라.

●

하느님에 대해 어떤 특별한 것을 알려 하거나 느끼고 싶어 하지 마라. 오직 사랑 가득한 마음을 지닌 채 주님을 향하는 것으로 만족해야 할 것이다.

●

모든 피조물이 내게 아무것도 아니고, 나도 피조물에게 아무런 존재가 아닌 상태를 유지하도록 노력하

라. 온갖 것을 다 잊고, 오로지 영혼 깊은 곳에서 천상 정배와 함께 머물러라.

●

자신의 욕정에 끌리지 않는 사람은 오롯한 자유를 가진 사람이다. 그 마음은 깃털 하나도 빠뜨리지 않고 가볍게 날 수 있는 새와도 같다.

●

영혼의 양식을 하느님 외에 다른 곳에서 찾아서는 안 된다. 관상가는 온갖 것에서 마음을 떼고, 끊임없이 마음의 평화를 간직하며, 잠심하는 데 노력한다.

●

거룩한 잠심을 얻고 싶은 영혼은 피조물에 의존하기보다, 오히려 그것을 부정해야 한다.

●

읽으면서 찾아라. 그러면 묵상 중에 발견할 것이다. 기도하며 두드려라. 그러면 관상 중에 열릴 것이다.

●

진정한 내적 생활은 자신을 믿지 않고, 하느님께 기쁨을 드리려 겸손되이 참고, 항상 기도에 전심하는 삶이다.

●

위대하신 하느님께 맞갖은 은총, 즉 우리 영혼의 구원을 위해 기도하는 영혼들은 진정으로 하느님께 기도한다.

●

힘을 다해 하느님께서 흐뭇해하시는 것을 구하는 것이 우리의 소망을 이루는 확실한 길이다. 하느님께서는 우리 영혼의 구원뿐만 아니라 필요한 모든 것, 비록 직접 청하거나 또는 거기에 대해 조금도 생각하지 않았던 것까지도 모두 베푸신다.

●

설령 기도하자마자 곧 들어주시지 않더라도 용기를 잃지 않고 계속 기도한다면, 확실히 적당한 때에 은혜를 꼭 주신다.

4. 기도에 전념하는 이유

"하늘은 하느님의 영광을 이야기하고
창공은 그분 손의 솜씨를 알리네."(시편 19,1)

●

우리의 의지가 감각적 기쁨을 이용하여 하느님을 섬기는 데 기쁨을 느끼고 또 그러한 행위가 기도에 큰 도움이 된다면, 그 방법을 버리지 마라. 오히려 이 거룩한 수업의 진보를 위해 그것을 이용해야 한다. 그 이유는 이때야 비로소 감각적인 것이 하느님께서 창조하신 목적, 즉 하느님을 보다 더 잘 알고 깊이 사랑할 수 있는 데 쓰이게 되었기 때문이다.

●

이미 감각이 정화되고 영성적이 된 영혼은, 갖가지 감각적인 것에서, 그것도 처음부터 하느님의 현존을 느끼는 데서 오는 감미와 상쾌한 관상의 즐거움을 맛본다.

●

건전한 철학이 가르치듯이, 모든 것은 그 지닌 바 본질에 따라, 그 사는 바 생명에 따라 작용하는 것이 사실이다. 그렇다면 동물적 생명을 끊고 영적 생명에 사는 사람은, 그 행위와 활동이 모두 영적 생명에서 오기 때문에 매사에 아무런 지장 없이 하느님을 지향할 것이 명백하다.

●

참으로 경건한 사람은 보이지 않는 분을 믿으므로, 성상을 아쉬워하지도 않고 별로 쓰지도 않는다. 쓴다 하더라도 인간적이기보다 신비로운 것을 잘 표현한 성상을 골라, 그것에 이 세상이 아닌 다른 세상의 의상으로 입히도록 한다.

믿음과 정성만 있으면 아무 성화라도 그만이고, 없으면 없는 대로 더 아쉬워할 것이 없다. 세상에 계실 때 우리 구세주의 모습이 얼마나 생명에 찬 모습이었던가? 그러나 믿음이 없는 사람들은, 비록 그분과 함께 지내고 그분의 기적을 제 눈으로 보았어도, 그것이 다 소용없었다.

5. 기도에 알맞은 곳

"너는 기도할 때 골방에 들어가 문을 닫은 다음,
숨어 계신 네 아버지께 기도하여라.
그러면 숨은 일도 보시는
네 아버지께서 너에게 갚아 주실 것이다."(마태 6,6)

우리가 해야 할 유일한 것은, 기도에 전념하고, 하느님의 가르침을 들으려고 고요를 찾으며, 그곳에 머무는 일이다. 그러면 매사가 다 잘될 것이다. 의무로 다른 일을 하는 경우 외에는, 이승의 온갖 부를 거둘 수 있는 대사업을 하는 것보다는 자신의 마음을 안으로 모으고 오롯한 영혼이 되려고 노력하는 편이 하느님의 마음에는 더 흡족하다. 설령 온 세상을 다 차지한다 해도 우리의 영혼을 잃는다면 무슨 소용이 있겠는가?

●

진정 순결한 영혼은 외적인 것에 정신을 쓰지 않고, 사람들의 비평에 좌우되어 마음을 산란하게 하지 않는다. 오히려 온갖 형상을 떠나 깊은 내적 고요 속에 잠겨 자유와 평화 중에 하느님과 교류한다. 즉 신적 인식으로 하느님을 알게 된다.

●

기도할 때에는 마음이 하느님께로 향하는 데 방해되지 않는 곳, 즉 오관과 정신이 흩어지지 않는 곳이 좋다.

●

어떤 사람들은 기도할 때 눈에 만족과 즐거움을 주는 곳을 찾는데, 그것은 잠심을 돕기보다는 오관의 위로를 찾는 것이다.

성지 순례를 하려면, 순례 계절이 한창인 때보다는 다른 사람이 가지 않을 때 혼자 가는 것이 더 좋다. 많은 사람이 갈 때는 가지 말 것을 권한다. 왜냐하면 여러 사람과 함께 가면 돌아올 때는 마음이 더 흩어지는 것이 보통이고, 대개 그런 순례는 신심이라기보다는 위로를 찾는 것이기 때문이다.

6. 거룩한 기도 수업의 방해

"아무것도 걱정하지 마십시오. 어떠한 경우에든 감사하는 마음으로 기도하고 간구하며 여러분의 소원을 하느님께 아뢰십시오."(필리 4,6)

●

기도하지 않는 사람은 손에 있는 새를 날려 버리는 것과 같다. 한번 날려 버리면 다시는 그것을 잡지 못한다.

●

하느님은 접근할 수 없는 분이시다. 이 점을 잊지 마라. 자신의 능력으로 깨치고 감각으로 알 수 있는 것에 머물러서는 안 된다. 그것은 너무나도 하찮은 것에 만족하는 것이며, 하느님을 향해 나아가는 데 영혼이 필요한 날개를 잃게 한다.

●

온전히 영성적인 것이 아닌 것은 받아들이지 마라. 그런 것은 신심과 잠심의 맛을 앗아 가 버린다.

●

무엇이든 감각적인 것에 의지가 사로잡혀 있으면 참된 영성인이 될 수 없다. 감각의 도움이나 그 힘으로 영의 힘에 이를 수 있다고 생각하는 것은 착각이다.

●

불완전한 영혼은 기도 중에 감각적인 달콤함을 찾기에, 참된 신심을 잃는다.

●

날개에 꿀이 묻은 파리는 자유롭게 날지 못한다. 이와 같이 영적인 달콤함에 집착한 영혼은 자유와 관상에 이르는 데 방해를 받는다.

●

제 기분에 맞는 데에서만 기도할 수 있는 영혼은 자주 기도할 수 없다. 이런 사람은 제 고장 책밖에 읽지 못하는 사람처럼 되고 만다.

●

외적인 사물과 감각적인 달콤함에 빠져 정신의 자유를 잃고, 기도하는 데 그 어떤 새로운 길을 찾지 못하는 영혼은 힘껏 그런 것을 피해야 한다. 영성의 길 도중에 멈춰 버리게 되기 때문이다.

●

내적인 위로나 달콤함이 없으면 하느님께서 떠나셨기 때문이라 생각하고, 반대로 다시 달콤함을 누리게 되면 하느님을 되찾았다고 기뻐하는 영혼은 참으로 어리석다.

●

영신 생활을 지향하는 많은 사람들이 좀 더 잘 기도하고 좀 더 하느님께 마음을 모은다는 그럴 듯한 구실 아래 감각적인 향락을 시인한다. 그러나 사실, 그것은 기도한다기보다 기분 풀이를 한다고 할 수 있다. 하느님께서 원하시는 것보다 자신이 좋아하는 것을 찾기 때문이다.

●

묵상은 관상을 목적으로 해야 한다. 마침내 목적을 이룬 후에는 다른 방법을 쓸 필요가 없듯이, 또 나그네가 목적지에 이르면 쉬듯이, 관상 상태에 이른 영혼은 묵상을 그쳐야 한다.

●

하느님께 이르려면 적당한 시기에 추리적인 묵상을 그쳐야 한다. 왜냐하면 어느 시기가 되면, 그 이상은 관상에 방해가 되기 때문이다. 그렇다고 또 너무 빠른 시기에 그치면 후퇴할 위험이 있다.

●

관상과 잠심의 고요 상태에 달한 영혼에게는 다음 세 가지 현상이 나타난다. 첫째, 지나가는 사물에 아무런 흥미가 없고, 둘째, 고요와 침묵이 좋아지고, 매사에 보다 더 오롯한 것을 가리며, 셋째, 전에는 영혼에게 큰 유익을 가져다 준 추리나 묵상의 여러 가지가 이제는 방해가 된다. 그러한 영혼은 기도할 때 신망애 삼덕만을 유지하게 된다.

●

관상 상태에 접어들기 시작한 영혼은 하느님에 대한 달콤함을 전혀 맛보지 못한다. 왜냐하면 그 인식이 매우 미묘하고 섬세해서 거의 느낄 수 없고, 또 쉽게 해 온 묵상 방법이 습관이 되어 있기 때문이다.

●

거룩한 평화 속에 안주하게 되면서, 영혼은 관상에서 나오는 사랑에 충만한 지식을 점점 더 얻게 된다. 왜냐하면 그 사정을 아는 영혼은 그 안에서 기쁨을 뛰어넘는 기쁨을 느끼게 되는데, 그것은 고요와 쉼, 위안과 기쁨 등을 아무런 노력 없이 누릴 수 있기 때문이다.

●

관상 상태에 이르렀다 해서 전처럼 묵상을 이리저리 시도하는 것이 마땅치 않다고 단정해서는 안 된다. 왜냐하면 관상의 초기에는 자신의 뜻대로 즉시 관상으로 접어들어 갈 만큼 완전하지 않기 때문이다. 따라서 때때로 전과 같이 묵상하는 것이 바람직하다.

●

정해진 관상 시간 외에도 일하면서도 되도록 거룩한

생각을 간직하며 신심의 진보에 노력해야 한다. 특히 구세주의 생애와 수난, 죽음에 대해 생각하면서 자신의 일상생활의 모든 것이 주님을 닮아 갈 수 있을 것이다.

●

무리를 떠나 높이 나는 한 마리의 새에서 우리는 다섯 가지를 주목할 수 있다. 첫째, 그 새가 가장 높은 곳으로 물러나 있다는 것, 둘째, 비록 동류라도 절대로 함께하지 않는다는 것, 셋째, 부리를 바람 부는 방향으로 돌리고 있다는 것, 넷째, 일정한 깃털 색을 지니고 있지 않다는 것, 그리고 다섯째, 지저귀는 소리가 부드럽고 고요하다는 것이다.

관상적인 영혼도 이와 같아야 한다. 지나가는 모든 것에 존재하지 않는 것처럼 초연하며, 오롯한 고요와 침묵을 좋아하고, 성령의 권유와 뜻에 따라 정배답게 그 입김 쪽을 향해 의지의 입을 열고 일정한 색을 지니지 않으며, 하느님의 뜻에 맞는 것 이외에는 마음을 열지 않고 천상 정배에 대한 관상과 사랑 안에서 아름답고 감미로운 노래를 부를 것이다.

●

영혼이 관상의 최고 상태인 신성의 단순한 관상까지 이르렀을 때, 가끔 예수 그리스도의 인성을 망각할 수 있다. 그것은 하느님께서 친히 완전한 초자연적인 인식 상태까지 높이시기 때문이다. 그러나 무슨 일이 있더라도 영혼 스스로 그 망각을 원해서는 안 된다. 그 이유는, 영혼이 합일의 최고 단계에 쉽게 이르기 위해서는 사랑으로 주님의 거룩하신 인성을 묵상하거나 관상하는 것보다 더 나은 것이 없기 때문이다. 예수 그리스도는 길이요 진리요, 문이며 지복에 이르는 안내자시다.

영혼이 하느님을 따르는 삶

1. 평화(平和)

"행복하여라, 평화를 이루는 사람들!
그들은 하느님의 자녀라 불릴 것이다."(마태 5,9)

●

영혼의 문인 오관을 삼가면서 영혼은 더욱 조촐해지고, 그 평화는 점점 깊어지며 확고해진다.

●

사사롭고 하찮은 지식을 말끔히 잊고 자신의 생각을 버리며, 될 수 있는 한 보고 듣는 일, 그리고 세상과의 교제를 피한다면, 영혼은 결코 평화를 잃지 않을 것이다.

●

만일 온갖 피조물에 관한 기억을 말끔히 씻어 버린다면, 아무것도 영혼의 평화를 어지럽히지 못할 것이며, 소란을 피우는 불순한 욕구를 자극하지도 않을 것이다. 보지 않으면 원하지도 않기 때문이다.

●

욕망과 욕정을 초월하지 못하여 내면이 불안하고 소란스럽고 견고하지 못한 영혼은 영적 선을 얻지 못한다. 영적 선은 평화롭고 안온한 영혼만이 누릴 수 있는 것이다.

●

하느님께서는 평화롭고 사욕이 없는 영혼 안에서만 일하신다는 것을 명심하라.

●

부질없이 마음을 쓰지 않고 아무것에도 한눈을 팔지 않으면서 영혼을 고요히 간직하라. 그러면 하느님께서 원하시는 대로 봉사할 수 있고, 하느님 안에서 기쁨을 발견할 것이다.

●

그대의 마음을 늘 평화롭게 간직하고 세상에서 일어나는 어떤 일에도 평화를 잃지 않도록 하라. 지상의 모든 것에는 끝이 있다는 것을 명심하라.

●

번잡스런 세상살이 때문에 낙담하지 않도록 조심하라. 그대가 깨닫지 못할지라도, 그런 일에는 하느님의 섭리 아래 간택된 영혼들의 영원한 행복을 위한 선이 마련되어 있다.

●

무슨 일이건, 아무리 괴롭더라도 슬퍼하기보다는 기뻐해야 한다. 그렇지 않으면 더 귀중한 보화인 영혼의 평화와 고요를 잃을 수 있다.

●

현세에서 모든 것이 무너지고 우리의 온갖 희망이 사라져도 당황하지 마라. 당황하는 것은 그 자체로 더 큰 손해를 입을 뿐, 조금도 이롭지 못하다.

●

온갖 것을 한결같이 평화로운 마음으로 참는 것은 영혼의 좋은 경향이며, 영혼은 거기서 큰 선을 얻을 수 있다. 이렇게 하면 역경에서도 바른 판단과 적당한 해결책을 발견할 수 있는 것이다.

●

무슨 일이든, 지상 것에 마음이 흩어지고 고통을 느끼는 것은 하느님의 뜻이 아니다. 현세의 번거로운 일로 괴로워하는 것은 견고한 덕이 없는 탓이며, 오롯한 영혼은 불완전한 영혼이 슬퍼하는 것에서도 기쁨을 찾아낸다.

●

하늘은 확고부동하다. 거룩하게 상승된 영혼도 마찬가지다. 그런 영혼은 욕망에 사로잡히지 않고 영원불변하신 하느님과 비슷해진다.

2. 현명함

"만물의 종말이 가까웠습니다.
그러므로 마음을 가다듬고 정신을 차려 기도하십시오."
(1베드 4,7)

●

이성의 권고에 귀 기울이고 늘 그 빛과 이끄심을 따라야 한다. 이성적이지 않은 온갖 것과 우리가 얻으려 하는 온갖 것보다 이성으로 하느님께 이르는 것이 가장 유익하다.

●

자신의 경향과 기호를 버리고 모든 것을 이성과 정의로 판단하며 사는 사람은 복되다.

●

이성으로 판단하고 행동하는 영혼은 영양가 많은 음

식을 섭취하는 사람과 같다. 제멋대로 좋아하는 것만 취하는 것은 영양분 없는 과일을 먹는 것과 같다.

●

창조주께서는, 피조물이 당신께서 주신 한계를 넘는 것을 좋아하시지 않는다. 게다가 그것은 피조물의 위치에도 맞지 않는다. 하느님께서는, 인간이 자신을 연마하는 데 쓰도록 본성과 이성을 주셨다. 따라서 한걸음 더 나아가, 초자연적인 높은 지식을 얻으려고 하는 것은 거룩하지도, 적당하지도 않다. 하느님께서는 이런 것을 좋아하시지 않는다. 어떤 때 그런 소원을 채워 주시는 듯하지만, 그것은 인간적인 약함을 불쌍히 보시고 주님의 관대하심으로 허락하신 것뿐이다.

●

사람은 진실하게 기뻐할 줄도, 슬퍼할 줄도 모른다.

그것은 선과 악 사이에 가로놓인 거리를 충분히 알지 못하기 때문이다.

●

우리는 자주 악을 선으로, 선을 악으로 뒤바꿔 놓는다. 우리는 좌우에 무엇이 있는지조차 모르고 있다. 이것이 우리의 본성이라면, 이런 본성의 어둠에 고르지 못한 욕망이 더해질 때 어떻게 되겠는가?

●

욕망의 본질은 맹목적이다. 영혼을 바른 길로 이끌고 모든 행동을 지배해야 할 이성을 따르게 하지 않기 때문이다. 욕망이 이끄는 대로 따르면, 언제나 잘못된 길을 가게 된다.

3. 겸손

"내가 굽어보는 사람은 가련한 이와 넋이 꺾인 이,
내 말을 떨리는 마음으로 받아들이는 이다."(이사 66,2)

●

하느님을 알기 위해 가장 필요한 것은 자신을 아는 것이다.

●

남들이 알아주기를 바라면서 하는 수천의 행동보다, 숨어서 행한 극히 작은 행동이 하느님을 더 기쁘게 한다.

●

숨은 선행을 사람들 앞에 드러낼 때마다, 마음의 보화는 해를 입고 그 가치가 줄어든다. 왜냐하면 영혼은 덧없는 명예로 보답을 받았기 때문이다.

●

하느님의 지혜가 겸손한 영혼 안에 임하시면, 영혼은 그 보화를 비밀스럽게 간직하게 되며, 불완전한 점들만을 드러나게 한다.

●

완덕이란, 영혼이 자신 안에 있는 덕을 스스로 인정하는 데 있는 것이 아니라, 하느님께서 인정해 주시는 데에 있다. 그러나 이런 일은 어디까지나 봉해진 밀서이기에, 우리는 자만자족을 버려야 하며, 결코 자신을 믿어서는 안 된다.

●

사랑이신 하느님이 영혼에게 이끌리는 것은, 그 영혼의 위대함이 아니라, 절대적인 자아 포기와 깊은 겸손이다.

●

우리가 지닌 특별한 방법이나 높은 관상을 통해, 중요하고 소중한 것 혹은 간절히 원하는 것을 얻으려고 생각하는 것은 잘못이다. 오직 깊은 겸손과 오롯한 순종만이 그것을 얻을 수 있다.

●

어리석은 미치광이라는 말을 듣지 않고 자랑하려면, 자기 것이 아닌 것은 모두 제외시키고, 그 나머지를 자랑하라. 그렇지만 남은 것은 오직 허무일 뿐이니, 헛됨에 빠지지 않으려면 아무것도 자랑하지 말아야 한다.

●

그대의 이웃에게 그대가 바라는 덕을 느끼지 못하더라도, 그 이웃은 그대가 모르는 다른 장점으로 하느님 대전에서 가치 있다는 것을 생각하라.

●

결코 변명하지 마라. 모든 질책은 하느님께서 허락하신 것이니, 평온한 마음으로 받아라.

●

이웃의 친절한 언행을 하느님의 순수한 은총으로 생각하라. 그대 자신은 그런 대우를 받기에 맞갖지 않기 때문이다.

●

누가 내게 호감이나 반감을 가졌는지 생각하지 마라. 다만, 늘 하느님을 기쁘게 해 드리는 것만을 생각하라. 자기 안에 하느님의 뜻이 이루어지기를 기도하며 깊이, 그리고 많이 사랑하라. 이것이 바로 우리의 의무다.

● 남에게도, 자신에게도 알려지지 않는 것을 좋아하라. 다른 사람의 덕이나 잘못을 알려고도 하지 마라.

● 영원한 생명을 명심하라. 아주 가난하고 업신여김을 받으며 가장 낮은 평가를 받는 영혼이, 이다음 하느님께서 가장 높이 들어 올려 주시어 더할 나위 없는 영광을 받게 되리라는 것을 늘 생각하라.

● 많은 불순한 욕정의 원천이 되는 명예심에 대한 욕망을 끊어 버리도록 진정으로 노력하려면, 첫째, 스스로 자신을 낮추어 다른 사람도 그렇게 취급하게 하고, 둘째, 마음에서부터 자기 자신을 업신여기는 말을 하고 다른 사람도 그렇게 하기를 바라며, 셋째, 자신이 얼마나 모욕을 당하기에 마땅한가를 생각하

고 자신의 비천함을 자인하면서, 또한 다른 사람도 같은 생각을 갖기를 원해야 한다.

●

지도자에 대한 겸손과 순종으로 하느님께서 베풀어 주신 모든 것을 열어 밝히는 영혼은 빛과 평화, 기쁨과 안전함을 누리게 된다.

●

하느님에 관한 이해나 감각이 아무리 높은 것일지라도, 성덕은 오히려 그와는 반대로 내적인 경향에 맞지 않는 것, 즉 깊은 겸손과 자기 자신이 갖고 있는 모든 것을 마음으로부터 업신여기는 데 있다.

●

환시나 계시, 그 밖의 천상 일에 대한 감미로움은 영성 생활을 하는 이들의 관심사이지만, 이 모든 것도 가장 작은 겸손한 행동과는 비길 수 없다. 왜냐하면 겸손은 애덕과 같은 결과를 갖고 있어서, 기꺼이 자신의 이익을 잊어 버리고 다른 사람의 선만을 원하기 때문이다.

●

하느님과의 깊은 친교를 맺게 되면, 하느님은 그 사람을 깊이 낮추시면서 동시에 높이신다. 그런데 이 길은, 내려가는 것이 오르는 것이요, 오르는 것이 바로 내려가는 것이다.

●

하느님께서 베푸시는 참된 은총의 특징은, 자신을 높이고 돋보이게 하는 모든 것에 혐오를 느끼게 하고, 반대로 자신을 업신여기고 낮추는 일에는 쉽게 기울어지게 한다.

●

하느님께서는 잘난 척하는 영혼을 아주 싫어하신다. 비록 하느님께서 그 영혼을 높여 주시는 때라도, 명령하는 것을 좋아하고 높은 지위를 흐뭇해하는 것을 원치 않으신다.

●

은총이나 환시가 악마의 소행인 경우, 영혼은 무조건 모든 위대한 것과 가치롭게 보이는 쪽으로 쏠리게 되고, 낮고 비천한 것은 다 싫어하게 된다.

4. 순종(順從)

"주님의 말씀을 듣는 것보다 번제물이나 희생 제물 바치는
것을 주님께서 더 좋아하실 것 같습니까?
진정 말씀을 듣는 것이 제사드리는 것보다 낫고
말씀을 명심하는 것이 숫양의 굳기름보다 낫습니다."(1사무 15,22)

●

삶에는 초조함과 간교한 술책 같은 것이 필요치 않다. 오직 의지를 다스리는 것이 지식을 많이 갖는 것보다 훨씬 중요하다. 피조물을 버리면 그만큼, 또 자신의 기호에 사로잡히지 않으면 그만큼 대단한 진보를 한다.

●

하느님 안에서나 피조물 안에서 감각적인 즐거움이나 쾌감 같은 것을 찾는 대신, 매사 자기 뜻을 버리려고 힘쓰는 사람은 걸려 넘어지지 않는다.

●

자기 자신과 본인의 일에 관심을 갖지 않은 채 스스로 뜻을 버리고 복종하는 것을 배우지 않으면, 아무리 많은 것을 한다 해도 완덕의 길에서는 진보하지 못하리라.

●

가르침받은 대로, 그리고 명령받은 대로 행하라. 그리고 지배받고 업신여김을 당하더라도 그대로 두어라. 그러면 완전해질 것이다.

●

메마름과 노고 중에서도 이성에 따라 사는 영혼은, 가득한 위로 중에 온갖 것을 취하는 영혼보다 하느님을 훨씬 기쁘게 해 드린다.

●

하느님께서는 많은 일을 함으로써 당신을 섬기려고 애쓰는 것보다, 극히 작은 순명과 복종을 더 좋아하신다.

●

복종과 순명은 이성과 판단의 희생이다. 이 희생은 육신의 온갖 준엄한 고행보다 가장 하느님의 마음에 드는 것이다.

●

순명에 의하지 않는 고행은 온전히 불완전한 것이다. 초심자는 고행하면서 생기는 위로와 쾌감에 끌리지만, 그렇게 제 뜻대로 한다면 덕의 진보는커녕 악덕에 빠지고 만다.

●

자기 뜻대로 할 때 고통은 배로 늘어난다. 그러므로 설령 고통 중에 잠길 수밖에 없더라도 자신의 뜻을 버려야 한다.

●

하느님에 관한 일에 대해 지도자의 의견을 따르지 않고 제 뜻대로 하는 영혼은 쉽게 악마의 올무에 걸린다.

5. 굳셈과 인내

"주님께 바라라. 네 마음 굳세고 꿋꿋해져라.
주님께 바라라."(시편 27,14)

●

약한 자와 짐 없이 함께 있는 것보다, 강한 자와 무거운 짐을 함께 지는 것이 더 낫다. 무거운 짐을 지고 있으면 하느님과 가까워지고, 하느님께서 힘이 되어 주신다. 왜냐하면 하느님께서는 괴로워하는 영혼이 의탁하도록 해 주시는 분이기 때문이다. 짐이 없으면 나약하기 그지없는 자신만을 믿게 되지만, 영혼의 힘과 덕은 고통을 인내하며 고통받는 데서 성장하고 강해진다.

●

육신은 약하고, 현세 사물은 그 어떤 것으로도 우리의 영혼을 채우지 못한다는 것을 잊지 마라. 세상에서 생기는 것은 세상이고, 육에서 나는 것은 육이다. 선한 영은 하느님의 영에서만 생기니, 세상이나 육이 무엇을 준다는 것은 불가능하다.

●

섬세한 꽃은 가장 빨리 시들고 향기도 금방 가신다는 것을 잊지 마라. 우리의 정신도 이와 마찬가지다. 영성 생활의 달콤함만을 섭취하려고 해서는 안 되는 이유는, 그렇게 하면 온전히 참을성을 잃어 버리기 때문이다. 그러므로 아무것에도 집착하지 말고 씩씩한 정신을 간직하도록 노력하면, 평화를 찾고 풍요로워질 것이다. 맛 좋고 오래 간직할 수 있는 과일은 춥고 건조한 땅에서 익는 법이다.

●

선의에 찬 사람들에게는 길이 평탄하고 유쾌하지만, 만약 용기와 불굴의 인내, 그리고 굳센 힘이 없다면 발걸음은 더뎌지고, 그 여정으로 나그네는 피로해질 뿐이다.

●

세상의 쾌락 같은 헛된 것에서 영혼의 양식을 찾아서는 안 된다. 의를 목말라하는 사람만이 진정으로 복된 사람이며, 배부르게 될 것이기 때문이다.

●

피조물 안에서 맛을 찾지 않고, 또 피조물을 잃어도 슬퍼하지 않는 사람이라야 진정 이승의 모든 것을 정복한 승리자다.

●

굳셈은 영혼을 무장시키며, 결점을 극복하고 덕행을 실천하게 한다.

● 하느님께로 이끄는 것이 아닌 모든 것에 대해서 굳건히 마음을 간직하고, 기꺼이 그리스도를 위해 고통당하는 것을 택하라.

● 우리 구세주이신 하느님 안에서 늘 기뻐하라. 선 자체이신 그분을 위해 그 어떠한 고통을 받는다 해도, 언제나 항상 좋은 몫이라는 것을 생각하라.

● 하느님께서는, 우리가 누릴 수 있는 온갖 위로나 영적 환시와 묵상보다, 하느님에 대한 사랑으로 자진하여 영적 메마름이나 고통을 받으려는 마음 자세를 더 좋아하신다.

●

일어나는 온갖 일, 그것이 어떠한 선악에서 연유하는 것일지라도, 하느님에 대한 사랑에서 고요한 마음으로 받아들이는 준비를 소홀히 해서는 안 된다.

●

우리가 일을 할 때에는 그 일의 필요에 따른 우리의 노력으로 적응해야지, 결코 나약한 본성의 경향에 따라 일을 가감해서는 안 된다.

●

가장 뛰어난 보화를 얻는 데 고통과 욕망을 끊는 것이 무한한 가치를 지니고 있다는 것을 안다면, 결코 누구도 다른 위로를 찾지 않을 것이다.

●

한 영혼이 십자가 앞에서 참을성 있게, 그리고 감각

적인 즐거움 없이 꿋꿋이 견딘다면, 그것은 덕에 큰 진보를 한 표시다.

●

십자가의 길은 즐거운 일을 할 때보다 더 확실하고 공덕이 많다. 고통을 겪을 때에는 하느님의 도우심에 힘입지만, 즐거운 일을 할 때에는 연약하고 불완전한 존재인 자기 자신에게 의존한다. 고통 중에 영혼은 정화되고 현명해지며, 깊은 생각과 판단에 따라 실천하고 체험한다.

●

유혹과 고통 같은 것으로 단련되지 못한 영혼은 내적 감각을 예지의 수준까지 높이지 못한다. 집회서에도 "시련을 겪지 않은 사람은 아는 것이 적다."(집회 34,10 참조)라고 하였다.

●

고통이 순수하면 그만큼 하느님에 대한 지식도 순수해진다.

6. 근신(謹慎)

*"헛된 것을 보지 않게 제 눈을 돌려 주시고
당신의 길을 따르게 하시어 저를 살려 주소서."* (시편 119,37)

●

좋아하는 감각의 대상을 스스로 멀리하는 영혼은 지나친 오관의 사용에서 생기는 정신 산만을 피할 수 있다. 그리고 하느님 안에 마음을 모으면서 내적 생활과 닦은 덕을 고스란히 간직할 뿐 아니라 견고해진다.

●

감각적인 것만을 즐길 뿐 다른 기쁨을 알지 못하는 영혼은 육적인 인간이다. 동물적, 지상적인 인간의 가치밖에 없는 영혼이라도 욕망을 끊는다면, 그 영혼은 영성적이요, 천국에 맞갖은 존재가 된다.

●

주님께서는, 영혼이 한 가지 감각적인 만족을 끊을 때 이미 이승에서 영성적으로나 물질적으로 백 배의 보답을 주신다. 그러나 영혼이 그런 것을 받아들일 때에는 백 배의 걱정(근심)과 불쾌감을 겪게 된다.

●

감각적인 생활을 벗어난 사람은 영혼의 온갖 기능과 모든 능력의 작용이 하느님을 관상하게 된다.

●

감각적 즐거움이라도 그것이 하느님께 이르게 하는 것일 때는 좋다. 그렇지만 이런 것은 별로 좋은 효과를 기대할 수 없다. 이것이 유익하기보다 해가 된다는 것은 많은 사람들이 체험을 통해서 알게 된 사실이다.

오관의 모든 기능이 하느님께로 높여질 만큼 감각 기능이 정화되지 않았다면, 그런 것에서 이탈하기 위해 욕망을 끊도록 전력을 다할 필요가 있다.

7. 침묵

"입을 조심하는 이는 제 목숨을 보존하지만
입술을 열어젖히는 자에게는 파멸이 온다."(잠언 13,3)

●

성부께서 한 말씀을 하셨다. 그 말씀이 성자이시다. 성부께서는 영원한 침묵 중에 이 말씀을 하신다. 말씀은 침묵 중에서도 들을 수 있다.

●

하느님께서 만드신 사람에게 가장 어울리고 필요한 일은 자신의 욕망을 끊고 묵묵히 침묵 중에 하느님을 섬기는 것이다. 사랑의 침묵만이 하느님의 마음에 가장 잘 울려 퍼진다.

●

말을 많이 하지 마라. 의견을 청하지 않은 문제에 상

관하지 마라.

●

이웃의 약점에 귀 기울이지 마라. 누가 이웃의 약점을 들어 불평하거든, 겸손하게 아무 말도 하지 말아 달라고 간청하라.

●

이웃에 대해 불평하지 말고, 가능한 한 아무것도 청하지 마라. 꼭 무엇을 청해야 할 경우라면, 간단하게 말하라.

●

항변하지 말고, 순수하지 않은 말은 한마디도 하지 마라.

●

말을 할 때 다른 사람의 감정을 상하지 않게끔 하고, 누가 들어도 마음이 불편하지 않을 말만을 하라.

●

하느님을 향해 사랑에 충만한 마음을 갖고, 내적인 평화를 간직하라. 말을 할 수밖에 없는 경우에는 한결같은 마음의 고요와 평온 중에 말하라.

●

하느님께 받은 은총을 묵묵히 간직하라. 자신의 비밀은 자신의 것이라는 말씀을 기억하면서….

●

우리가 한 말 가운데 순명하는 마음으로 한 말이 아닌 것은 하느님께서 심판하신다는 것을 잊지 마라.

●

다른 사람과 말할 때, 설령 그가 성인일지라도, 필요 이상의 말을 하거나 할 필요가 없는 말을 할 경우 결코 유익하지 않다는 것을 잊지 마라.

●

묵묵히 일하지 않고 고통받을 줄 모르면, 진보할 수 없다.

●

덕에 진보하려면, 묵묵히 행할 줄 알아야 한다. 왜냐하면 말을 하면 마음이 흩어지지만, 침묵과 노동은 마음을 안으로 모으기 때문이다.

●

영적 진보에 필요한 권고를 이해했으면, 그 이상의 말을 듣기 위해 조르기보다는, 각오를 단단히 하고 그것을 묵묵히 실행에 옮겨라. 겸손과 애덕을 지니고 자아 포기 중에 침묵하면서 조심성 있게 실행하는 것이 좋다.

●

나는 알게 되었다. 말하는 데 빠르고 즉시 정신이 흩어지는 사람은 하느님에 대한 정성이 부족하고, 하느님에 대한 정성이 깊은 사람은 내적 자기 성찰에 강하게 끌려 침묵을 좋아하며 모든 대화를 멀리하려고 한다는 것을….

●

아무리 완전한 피조물이 우리의 관심을 끌어도, 하느님께서는 그런 것에서 영혼의 행복을 찾는 것을 원치 않으신다. 오로지 당신 안에서만 행복을 찾기 원하신다.

8. 청빈

"굶주린 이들을 좋은 것으로 배불리시고
부유한 자들을 빈손으로 내치셨습니다."(루카 1,53)

●

가지고 있는 재산이 하느님을 섬기는 데 쓰이는 것이라면 자랑스러운 일이지만, 그렇지 않은 높은 지위나 존칭, 명예직과 같은 지상적 재보를 위해 쓰인다면, 아무런 소용이 없다.

●

온갖 현세 사물에 대한 욕망을 끊는 데 마음과 정신을 다해 철저히 경계해야 한다. 작은 집착이 눈덩이처럼 불어나고, 사소한 불완전이 차츰 자라나 중대한 결점이 된다는 것을 미리 생각해야 한다. 마치 조그마한 불티가 산 전체를 태워 버릴 수 있듯이….

● 가는 실이니, 지금 끊어 버리지 않아도 괜찮다고 방심하지 마라. 약한 밧줄을 끊어 버릴 용기가 없는데, 튼튼한 밧줄로 단단하게 묶여 있을 때 자르겠다고 생각한다면, 그것은 자만이 아니겠는가?

● 사소한 허물을 피하는 영혼은 중대한 과실에 떨어지지 않는다. 작은 것이라고 허용하는 것은 사실 큰 악을 받아들이는 것이다. 마음에 금이 가는 것은 견고한 성벽이 무너지는 것과 같다. 속담에, 시작이 반이라고 하지 않던가?

● 향락은 안개와 같아서, 사람의 판단을 흐리게 한다. 고의적으로 어떤 것을 즐길 때 결국 고의적인 관계를 맺게 된다. 안개가 걷히면 주위가 밝아지듯, 일체

의 향락을 거부하고 마음을 어지럽히는 것들을 멀리 한다면, 이전과 같은 밝은 판단력을 갖게 된다.

●

온갖 피조물에서 이탈한 영혼은 기도할 때도, 그 밖의 시간에도 마음이 흩어지거나 산란해지지 않는다. 따라서 시간을 허비하지 않고 쉽게 영신적인 풍요로움에 이른다.

9. 정신적인 청빈

"행복하여라, 마음이 가난한 사람들! 하늘 나라가 그들의 것이다."(마태 5,3)

●

완덕을 지향하는 데 있어 무엇보다도 자기 자신이 제일 큰 원수라는 것을 인식하고, 용감하게 자신과 싸워 고행의 길을 가야 한다는 것을 명심하라.

●

느슨한 방법을 권하는 사람은, 그이가 설령 기적을 행한다 하여도 그것을 믿어서는 안 된다. 오히려 고행을 배가하고 한층 더 온갖 피조물을 이탈하도록 노력해야 한다.

●

구약의 율법에, 하느님께 희생을 바치는 제단은 속

이 비어 있어야 한다고 하였다(탈출 27,8 참조). 이 상징은, 하느님께서 우리 영혼에게 오시기에 합당한 제단이 되기 위해서는 모든 피조물을 다 버리고 비워야 함을 우리에게 일깨워 주시는 것이다.

●

하느님께서는 당신이 거처하시는 영혼에게 단 한 가지만을 원하신다. 그것은 당신의 계명을 완전히 지키며 그리스도의 십자가를 지는 것이다. 계약 궤 속에는 만나가 든 금 항아리와 싹이 돋은 아론의 지팡이와 계약의 판들이 들어 있었다(히브 9,4 참조). 아론의 지팡이는 십자가를 상징하며, 계약의 판에는 하느님의 계명이 적혀 있었다.

●

주님의 계명을 오롯이 지키면서 그리스도의 십자가를 지는 것 이외에 아무 소망을 갖지 않는 영혼은,

하느님이신 참만나를 모신 계약 궤가 된다.

●

신심의 정이 일어 하느님에 대한 사랑과 거룩한 일에 열렬한 소망이 용솟음치거든, 망설이지 말고 마음을 다져 온갖 욕정과 집착, 원의를 끊어 버려라. 병자는 그 몸에서 좋지 않은 것이 없어져서 병이 회복되면 식욕을 느낀다. 마찬가지로 마음이 정화되어야 하느님께로 돌아간다. 그렇지 않으면 아무리 노력해도 진보할 수 없다.

●

지상에는 하느님과 영혼밖에는 아무것도 없는 것처럼, 어떠한 피조물에도 사로잡히지 않는 마음을 간직하고 살아야 한다.

●

부질없이 지치지 마라. 욕망을 끊지 않는다면, 그리스도의 달콤함과 희열을 맛볼 수 없다.

●

거룩한 잠심에 이르려면, 피조물을 찾지 않고 오히려 그것을 버려야 한다.

●

피조물을 떠나 마음을 비우고 지나가는 그 어느 것에서도 맛을 찾지 않는 영혼은 모름지기 보화를 쌓게 될 것이다.

●

하느님의 무한하신 재물은 고요하고 빈 마음에만 간직할 수 있다.

● 우리가 갖고 있는 물건이 꼭 필요한 것일지라도, 그것을 달라고 하는 사람에게 절대로 거절하지 마라.

● 자연적이거나 영성적인 욕구, 그 모든 것에서 무(無) 안에 만족하리만큼 노력하지 않으면, 결코 완덕에 이르지 못한다. 이것은 정신의 가장 높은 평화와 고요, 온화함을 소유하는 절대 조건이다.

● 자연스럽게 생겨나는 기쁨, 소망, 무서움, 아픔, 이 네 가지 정을 끊고 가라앉히려는 굳은 각오로, 보다 쉬운 것보다 보다 어려운 것을, 보다 맛있는 것보다 보다 맛없는 것을, 보다 큰 것보다 보다 작은 것을, 보다 나은 것을 찾기보다 보다 못한 것을 찾아라. 무엇을 바라기보다 그 무엇도 바라지 마라. 예수 그리

스도에 대한 사랑으로 벗고 비워, 없는 몸이 되기를 바라라.

●

우리가 모든 것에 대한 소유욕과 온갖 소망에서 정화되면, 우리의 영혼은 모든 것에서 하늘스런 영을 깨닫게 될 것이다. 그리고 그러한 것에 애착하지 않는다면, 본래의 진가를 보다 확실하게 깨닫게 되면서 진리를 맛보게 되리라.

●

모든 피조물과 자기 자신을 잊는다면, 사람을 쉽게 지배하게 될 것이며, 모든 피조물의 봉사를 받게 될 것이다.

●

마음에서 간절히 원하는 것이 있으면, 그것을 몹시

필요한 것인 양 느끼게 된다. 마음이 가난한 사람은 온갖 결핍 중에서도 기쁨과 만족을 찾으며, 아무것도 원하지 않는 사람은 깊은 평화를 맛본다.

●

마음이 가난한 사람은 가진 것을 아낌없이 다 내어 준다. 애덕이 그들의 행동 법칙이기에, 하느님 사랑과 이웃 사랑으로 자기 자신은 불편을 즐겨 참아 나간다.

●

마음이 가난한 자는 신심의 본질만을 중요하게 생각하고, 또 거기에 이르는 것으로 만족한다. 호기심을 채울 수 있는 수많은 방법은 피로와 싫증을 안겨 줄 뿐이다.

●

바깥세상에서 이탈하고 내적인 것과 신적인 은혜에도 집착하지 않는 영혼은 순경에 방해받지 않으며, 역경에도 꺾이지 않는다.

●

헐벗고 가난한 사람에게는 입을 것을 주신다. 스스로 원하든 원치 않든, 모든 소망을 벗어 버렸을 때, 하느님께서는 당신의 순수함과 거룩한 기쁨, 거룩하신 뜻으로 그 영혼을 입혀 주신다.

●

순결하고 단순하여 모든 소망을 다 비운 영혼은 하느님의 사랑이 끊임없이 작용하며 깊어진다.

●

일체의 소망이 사라질 때 비로소 마음이 채워질 것

이다. 왜냐하면 우리의 소망이 과연 하느님의 뜻에 맞는지 맞지 않는지 알 수 없기 때문이다.

●

진정으로 하느님을 섬기고 내적 평화와 위로를 찾고자 한다면, 이미 버린 것만으로 안심해서는 안 된다. 버린 것보다는 새롭게 다가오는 것들로 방해받을 수 있기 때문이다.

●

아주 드문 초자연적인 영시나 환시를 받았다 해도, 모든 덕의 원리이자 근본인 자아 포기를 게을리한다면, 다른 덕행의 실천은 한낱 착각일 뿐 영적인 진보라 할 수 없다.

●

하느님의 길을 가는 데 있어 단지 현세의 행복이나

감각적인 즐거움 따위만이 방해되는 것이라고 생각하지 마라. 영적인 위로와 기쁨이라도, 만일 자신을 위해 원하거나 받는다면, 같은 결과를 낼 뿐이다.

●

우리의 마음은 제가 좋아하는 무엇인가를 늘 헛되이 찾고 있다. 그것은 벌레처럼 건강을 갉아먹고 썩게 만들 뿐만 아니라, 좋거나 언짢거나 상관없이 모든 것에 좀이 슬게 한다.

부록

1 사랑에 불타는 영혼의 기도
2 십자가의 성 요한의 생애

부록 1

사랑에 불타는 영혼의 기도

오, 지극히 사랑하올 주 하느님!

제 잘못을 기억하시어, 애절히 드리는 이 기도를 물리치시려거든, 부디 당신의 뜻을 이루소서.

저 또한 이것을 원하오나, 당신의 사랑과 자비만은 잊지 마소서.

제 죄로 더욱 영광스러이 빛나실 분, 주님이시기 때문입니다.

우리의 선행에 따라 간구함을 들어 허락하신다면, 주님께서 친히 제 안에 이 일을 이루어 주소서.

그리고 죄로 인해 고통을 받아야 한다면, 이 또한 주님의 뜻대로 제게 지워 주소서.

제 선행이 주님을 끄는 것이 아니라면, 하느님, 무엇을 이토록 지체하십니까?

지극히 너그러우신 하느님! 성자의 이름으로 간구하오니, 오로지 은총과 자비를 내리시어, 가난한 이 봉헌을 받아 주소서.

이것 또한 당신이 원하시기 때문이오니, 은혜를 베풀어 주십시오.

저의 하느님, 당신의 그 깨끗하신 사랑으로 우리를 당신께 들어 올려 주지 않으신다면, 누군들 제 비천한 한계에서 벗어날 수 있겠습니까?

우리를 내신 그 손길로 친히 이끌어 올려 주지 않으신다면, 비천에서 생겨나고 길러진 우리가 어떻게 주님께 나아갈 수 있겠습니까?

주 하느님, 당신은 외아들 예수 그리스도를 통하여 내리신 은혜를 되거두실 리 없으시기에, 제가 바라던 것을 모두 언제나 아드님 손을 통하여 받았나이다.

이에 저는 기쁨에 떠오니, 저의 기다림은 결코 헛되지 않을 것입니다.

"내 영혼아, 더 이상 무엇을 머뭇거리느냐? 바로 지금 마음으로 하느님을 사랑할 수 있는 것을.

하늘과 땅, 그 모든 것이 내 것이며, 모든 이가 내 것이니, 의인도 죄인도 다 나의 것이다.

천사도, 그리고 하느님의 어머님까지도 나의 것.

모든 피조물이 다 내 것이고, 하느님도 나의 것이니, 이는 그리스도가 오직 나를 위해 계시는 까닭에, 그리스도 역시 나의 것이다.

그렇건만 내 영혼은 무엇을 더 찾아 헤매는가?

이 모두 내 것이며, 나를 위한 것일진대….

자신을 비천하다고 생각하여, 아버지 식탁에서 떨어지는 빵 부스러기에 이끌려 얼쩡대지 마라.

네 비참에서, 나와 하느님의 영광 안에서 너의 영광을 찾고, 거기에 잠겨 기뻐하라. 그러면 너의 소망이 채워지리라."

지극히 순결한 영혼은 바깥일에 머물거나 세상의 비평 소리에 동요되지 않고 마음을 어지럽히지 않은 채, 온갖 것을 떠나 오로지 깊은 내면의 고독으로 물러가, 감미로운 쉼 중에 하느님과 친교를 이룹니다. 신적 인식으로써 하느님을 인식하기에….

부록 2

십자가의 성 요한의 생애

열렬한 사랑의 언어

 십자가의 성 요한은 1542년에 태어나 1591년에 세상을 떠났다. 위대한 교회 박사인 성인은 오늘의 우리에게도 위대한 메시지를 전해 준다.

 우리나라에서도 이미 성인에 관한 책과 논문들이 출판되었고, 성인의 저작들이 번역되어 널리 읽히고 있다. 지금 소개할 내용은 성인의 약전(略傳)으로, 하느님과 사람들에게 전폭적으로 바쳐진 생활과, 진정한 그리스도교적인 생활의 모범이요 스승이었던 성인의 생애를 좀 더 깊이 인식하는 데 도움이 되었으면 하는 마음에서 준비한 것이다.

1542년, 스페인의 폰티베로스에서 태어난 십자가의 성 요한은, 가르멜회의 원시 회칙대로 기도와 극기 정신에 따라 개혁하려는 예수의 데레사 성녀의 사도적인 열정에 끌려, 성녀의 사업에 전적으로 협력하게 되었다. 성인은 필설로 표현할 수 없는 반대와 박해를 겪으면서 자신의 작품을 완성하였으며, 그러한 생애를 성실히 엮어 가다가, 1591년 12월 14일에 우베다에서 세상을 떠났다.

수덕적인 완전함, 기도 생활, 타고난 정신과 천성의 고귀함, 개인적인 신비 체험, 개혁 가르멜에서의 폭넓은 신비 체험에 대한 지식, 전망의 광대한 교설, 깊은 내면성, 특히 성인을 생활하게 한 타오르는 살아 있는 불꽃…. 이 모든 것이 십자가의 성 요한을 위대한 성인이자 위대한 스승이 되게 한 것이다. 성인의 말씀, 가르침, 그리고 저술한 모든 것에는, 하느님과의 일치라는 사랑의 신비가 완성되는 영성의 절정, 그리고 영혼이 불림받고 있는 그 산정까지 도달하는 전 과정이 명시되어 있다.

'가르멜의 산길'은 과연 쉬운 길이 아니다. 피할 수 없는 정화와 시련의 오솔길이다. 영혼이 아가의 신부처럼, '영혼의 노래'의 사랑받는 연인처럼 사랑하는 분과의 대화가 거듭되는 순수한 체험에 이르기 위해서는, 벌거벗은 믿음과 어둠, 괴로운 '어둔 밤', 바로 그런 기막힌 모험을 겪어야만 한다. 그래야만 비로소 힘차게 타오르는 '사랑의 산 불꽃'에 휩싸여 타 버리는 것 이외엔 아무것도 원치 않게 된다.

교회는 십자가의 성 요한의 수덕적이고 신비적인 가르침의 보편적인 가치를 '신비 박사'라는 칭호로 인정하고 있다.

성인의 삶은 하느님을 위해 고통을 기꺼이 감내

했던 삶이었다. 한 가지 확실한 사실은, 십자가의 성 요한의 생애가 그리스도의 발자취를 따라 걸어가고자 하는 이들에게 지침이 되어 주고, 진리이신 그리스도를 본받는 데 귀감이 되어 준다는 것이다. 그리고 피할 수 없는 길이 십자가라는 것도 사실이다. '가장 순수한 고통에서 가장 순수한 이해가 생기는' 이런 식별의 길을 사람들에게 가르치는 것은 사랑의 선물을 하는 것이다. 그리고 그것은 길을 가는 사람에게 안내자이자 빛이 되어, 앞으로 나아가는 이들에게 열렬한 사랑의 언어를 제공한다.

하느님 사랑의 등산가

홀로 자녀를 양육해야 했던 요한의 어머니 카타리나는 너무 가난하여 자식을 도저히 양육할 수가 없게 되자, 아홉 살 먹은 요한을 고아원에 맡겼다. 소년 요한은 목수 일, 재단, 조각, 페인트 도색 등 이것저것 닥치는 대로 일거리를 찾아다니며 살기 위해

애썼으나 모두 물거품이었다. 결국 고아원 원장은 소년을 거리로 내보내 적선을 받아 오게 해서 생활비를 충당하였다.

요한의 어머니 카타리나 알바레스는 귀족 출신의 곤잘로 데 예페스와 결혼한 후 극심한 가난 속에서 살아야 했다. 곤잘로는 카타리나와의 결혼 때문에 가문에서 쫓겨났는데, 카타리나 알바레스가 유태계 고아에다 한낱 가난한 직공이었기 때문이었다. 젊은 두 사람은 1529년에 결혼하였다. 그리고 아빌라에서 약 40킬로미터 떨어진 작은 마을 폰티베로스에 보금자리를 꾸렸다. 그곳에서 프란치스코와 루이스, 두 아들을 낳았고, 1542년에는 요한을 낳았다. 요한의 생일은 세례자 요한의 축일인 6월 24일이었다.

요한이 태어난 지 몇 년 안 되어 부친이 세상을 떠났는데, 카타리나와 아이들에게는 아무런 생활 대책도 없었다. 생전에 곤잘로는 직조 기술을 배워 아내와 함께 최선을 다해 일했으나, 가난에서 헤어날 수가 없었다.

끼니를 잇는 일조차 힘들어지자, 요한의 어머니는 유복한 남편의 친척에게 도움을 청하러 다녔으나 외면당했고 의사인 사촌 형제는 친절하게 맞아 주기는 했으나, 아무런 경제적인 도움도 주지 않았다.

이즈음 카타리나는 둘째 아들 루이스를 잃었다. 슬픔 중에 어머니는 지금까지 살던 집을 정리하여 북쪽으로 33킬로미터쯤 떨어진 시끄러운 상업 도시 아레발로로 이사했다. 막내아들 요한은 그때 여섯 살, 형 프란치스코는 열여덟 살이었다. 아레발로에서 고통의 3년을 지낸 끝에 가족은 메디나 델 캄포로 다시 이사했다. 당시 메디나 델 캄포는 스페인에서 가장 큰 상업 중심지였다. 아레발로를 떠나기 전에 형인 프란치스코는 자신과 마찬가지로 가난한 여인인 안나 이스키엘드와 결혼했다. 메디나 델 캄포에서 프란치스코 내외는 직조업을 시작했으나, 여전히 가난했다. 이즈음 어머니는 막내아들 요한의 건강을 염려하여 그를 고아원에 맡겼다. 아홉 살의 요한은 고아원에서 즉시 실패의 체험을 하게 된다. 다른 소년들처럼 손으로 하는 일을 요한은 좀체로 습득할 수가 없었다. 그러나 총명했던 요한은 읽고 쓰는 것은 쉽게 터득했다.

간병인

1559년경 요한이 열일곱 살이 되었을 때, 한 병원 관리인이 그를 자신의 병원에서 일할 수 있도록 주선해 주었다.

이곳에서 요한은 환자들을 헌신적으로 돌보게 되었는데, 간호뿐만 아니라 병원의 가난한 사람들을 위해 기부금을 모으러 다니는 일까지도 기꺼이 했다. 병원 바로 옆에는 예수회에서 경영하는 학교가 있었는데, 병동에서의 의무를 게을리하지 않는다는 조건으로 수업에 출석할 수 있는 허가를 받았다. 요한은 밤에는 긴 시간 학문에 힘썼고, 4년 과정으로운 좋게 예수회원들과 함께 졸업했다.

스물한 살이 된 요한은 어느 날 병원에서 두세 구역 떨어진 곳에 있는 남자 가르멜회의 문을 두드렸다. 그리고 입회를 청했다. 1563년 2월 24일, 재의 수요일이었다. 공동체에 받아들여진 요한은 곧 수련기를 지냈다. 수련기는 예수 그리스도에 대한 봉헌 생활을 진정 마음으로부터 열망하는가에 대한 확증을 얻기 위한 기간이다. 그해가 다 갈 무렵 요한은 주님께 일생을 확고하게 봉사하겠다는 신념에서 장엄 서원을 발했고, 그때부터 자신의 서원이 생활 전체에 진실하게 반영될 수 있도록 부단히 노력했다.

1564년, 스물두 살이 된 요한 수사는 살라만카 대학에서 수학하게 되었고, 3년 후 사제로 서품되었다. 첫 미사는 메디나 델 캄포에서 거행했는데, 어머니와 형 부부가 미사에 참례했다. 16년간 이곳에서 살아온 가족에게 풍족함이란 없었다. 프란치스코와 안나 부부 사이에는 아들 일곱과 딸 하나가 있었으나, 아들들은 모두 일찍 세상을 떠났다.

　이 단출한 가족은 요한의 첫 미사에 참석하려고 가르멜 성당에 모였다. 젊은 새 신부의 키는 겨우 150센티미터밖에 안 되었지만, 제단에 선 그 모습은 기품이 넘치고 평화로웠다. 사실 요한 신부가 온전히 평화로웠다고는 할 수 없었다. 고독을 사랑하여, 그 고독에 대한 갈망을 실현하리라 마음먹고 있었기 때문이다. 예수의 데레사 성녀는 말한다. "참으로 하느님을 사랑하는 영혼은 항상 고독을 갈망합니다."

　고독한 생활의 목적은, 인간의 힘으로 가능한 한 하느님께 자기 자신을 완전히 드리는 것, 즉 다른 모든 것을 없이하고 하느님과 친밀해지는 일만을 탐구하는 것이다.

　고독은 하느님과의 친밀에 필요한 깊이와 통찰력을 기르고 영적으로 오로지 신적 사정을 탐구하는 데 전심전력을 하게 한다. '오직 홀로 하느님과 함께'라는 요한 신부의 소망은 뜻하지 않은 방법으로 실현된다.

예수의 데레사 수녀를 만나다

　예수의 데레사 수녀는 마침 그때 요한과 같은 도시에 살고 있었다. 쉰두 살의 이 가르멜 수녀는 메디나 델 캄포에 둘째 수도원을 창립하러 가는 중이었다. 데레사 수녀는 이미 5년 전에 아빌라 시에 첫째 수도원을 창립한 상태였다. 이 두 곳의 수도원은 완전히 질서가 잡혀서, 수녀들은 모두 고독 중에 잘 살고 있었다.

　그때까지 모든 가르멜회 수사, 수녀들은 완화된 회칙대로 살고 있었으나, 데레사 수녀는 엄격한 원시 회칙으로 되돌아갈 허가를 받았던 것이다. 개혁 수도원의 일상적인 분위기는 침묵과 은둔이었다.

　데레사 수녀가 의도한 것은, 그 수도원에서 생활하기를 원하는 사람 모두 침묵의 준수를 사랑하는 데 마음을 다하는 것이었다. 왜냐하면 데레사 수녀는 침묵이 성성으로 나아가는 데 매우 훌륭한 방법이라는 것을 알고 있었기 때문이었다.

이 시기에 데레사 수녀는 또 다른 큰 계획을 세우고 있었다. 그것은 적어도 두세 명의 가르멜 수사가 원시 회칙을 따라 살 수 있게 하려는 것이었다. 데레사 수녀는 총장에게서 이 개혁에 착수할 수 있는 허가까지 받았지만, 아직 그런 영웅적인 생각을 하고 있는 수사를 만나지 못하고 있었다.

그러나 하느님의 섭리는 데레사 수녀와 요한 신부의 만남을 준비해 주셨다. 데레사 수녀는 베드로 데 오로스코라는 젊은 가르멜회 신부에게서 요한에 대한 소식을 들었다. 요한과 함께 서품을 받은 베드로 신부는 여자 가르멜 수도원에서 첫 미사를 드렸는데, 데레사 수녀에게 요한 신부가 지금 원시 회칙을 지키고 있다는 사실과, 탄복할 만한 좋은 점을 많이 지니고 있다는 것을 이야기했다. 요한 신부는 데레사 수녀를 방문했고, 두 사람은 여러 가지 이야기를 나누었는데, 이를 데레사 수녀는 다음과 같이 전한다.

"주님은 우리에게 한 수도원을 허락하시니, 보다 완전한 생활을 시작하고 싶다면, 다른 회로 옮기는 것보다 자신이 지금 몸담고 있는 회에서 그렇게 하는 것이 훨씬 더 바람직하고 좋은 일이며, 하느님께 더 영광이 된다는 점을 주님께서 깨우쳐 주실 때까지 기다려 달라고 간곡히 부탁하였습니다. 요한 신부는 너무 오랫동안 기다리지 않는다는 조건으로 약속하였습니다."

이렇게 하여 하느님께서는, 가르멜회의 쇄신과 교회 안에 기도의 정신이 다시 충만해지는 목적을 위해 위대한 두 인물이 만날 수 있도록 섭리하신 것이다.

작은 무리

현재 전 세계에는 4천 여 명의 남자 수도자들과

1만 5천여 명의 수녀들이 성 요한과 성녀 데레사의 발자취를 따라 가르멜회의 원시 회칙을 지키면서 고독 안에서 작은 무리를 이루며 살아가고 있다.

이 '원시 회칙'은 1209년 예루살렘 총대주교 성 알베르토가 쓴 것이다. 팔레스타인 지방의 가르멜 산에 살고 있던 은둔자들이 자신들의 생활 규칙을 작성해 달라고 총대주교에게 간청한 것이다. 가르멜 산의 은둔자들, 일명 '가르멜의 사람들'은 위대한 예언자 엘리야의 영적인 후손이며, 이 산에서 엘리야 시대부터 끊이지 않고 은둔자로 살았으나, 13세기까지 그들에겐 일정한 규칙이 없었다.

이 생활 규범은 14세기에 유럽을 휩쓴 페스트균으로 인한 대재앙 때문에 성좌의 배려로 다소 완화되었다. 요한 신부와 데레사 수녀는 그것을 쇄신할 운명에 놓이게 되었고, 이때부터 성 알베르토의 규칙을 따르는 이들은 '선족 가르멜회의 수도자'라 하여 세상에 알려지게 되었다. '선족(跣足)'이란 맨발을

뜻하는데, 오늘날에는 그렇지 않지만 성 요한 시대에는 수도자들이 실제로 신을 신지 않았었다.

성 요한과 성녀 데레사는 가르멜회를 최초의 열정 넘치던 상태로 되돌려 놓았을 뿐만 아니라, 교회 전체에 기도의 정신이 되살아나게 했다. 교회에 대한 이런 헌신이 인정되어 두 사람은 영예의 '박사' 칭호를 받게 되었다.

뛰어난 영적 지도자인 두 사람의 저서는 선의의 영혼들을 신적 합일의 높은 경지까지 이끌어 준다. 성녀 데레사의 저서로는 《자서전》, 《완덕의 길》, 《영혼의 성》 등이 있고, 성 요한의 저서로는 그리스도교 생활의 정상에까지 빠르게 도달하고 싶어 하는 이들에게 영적인 마음가짐을 가르치는 《가르멜의 산길》과 《어둔 밤》이 있다. 그리고 《영혼의 노래》는 영혼이 하느님을 탐구할 때 은총을 받은 영혼의 역할을 찬양하고 있으며, 《사랑의 산 불꽃》은 영혼의 마지막 승리를 노래한 것이다.

새로운 시작

데레사 수녀를 방문한 지 꼭 1년 뒤 요한 신부는 고독한 생활을 시작했다. 아빌라에 사는 한 신사가 남자 가르멜회의 개혁을 시작하려는 데레사 수녀에게 작은 농가 한 칸을 기증했다. 그 집은 일꾼들이 농작물을 저장하는 창고로 사용하던 작고 허름한 집이었는데, 데레사 수녀가 처음 그곳에 가 보았을 땐 말로 표현할 수 없을 만큼 형편없는 상태였다. 그 집은 아빌라에서 약 50킬로미터 떨어진 벽촌 두루엘로에 있었다. 요한 신부는 1568년 초가을, 수사 한 사람과 함께 이곳에 가서, 집을 정돈하고 11월까지 지냈다.

1568년 11월 28일 대림 제1주일에 이 작은 집은 정식으로 '맨발 가르멜 남자 수도원'으로 출범하게 되었다. 알론소 곤잘레스 관구장 신부는 다른 5명의 가르멜 수사들과 함께 간단하지만 감동적인 예식을 행하려고 두루엘로에 왔다. 이 예식에 참석한 수사 중 3명은 그곳에 남게 되어 맨발 가르멜회 수사는 5명이 되었다. 5명의 수사들은 자신들의 생활 양식을 완전히 조직화했다. 얼마 후 다른 젊은 지원자가 왔고, 요한 신부는 '개혁 가르멜'의 영적 스승으로서 임무를 시작하게 된다.

두루엘로 창립 1년 6개월 후, 공동체가 14명으로 늘어나자, 맨발 가르멜 남자 수도원은 좀 더 큰 집으로 이사했다. 그 새집은 두루엘로에서 5킬로미터 떨어진 만세라에 있었다. 그곳으로 이사 와서 4개월 후, 요한 신부는 파스트라나를 향해 170킬로미터의 여행을 했다. 그리고 그 시가 근처에 두 번째 수도원을 창립하였다. 이 새 수도원은 이상적인 입지 조건을 갖추고 있었다. 요철(凹凸) 모양의 석회암 언덕 꼭대기에 세워진 것이다. 언덕의 경사진 비탈에는 많은 동굴이 있었고, 그곳에는 고독이 있었다. 파스트라나는 깊은 기도 생활을 하며 하느님과 친밀히 살고 싶어 하는 많은 스페인 사람들에게 가장 중요한 수련의 장소가 되었다.

거의 같은 시기인 1570년 11월에 파스트라나에서 57킬로미터 떨어진 주요 대도시 알칼라에 세 번째 수도원이 창립되었다. 그리고 요한 신부는 신학원 원장이라는 중책에 임명되었다. 이미 성인은 영혼의 위대한 스승이었다. 알칼라 학생들은 대부분 관상적인 영혼들이었고, 기도에서와 마찬가지로 면학에서도 서로 선의의 경쟁을 하였으나, 무엇보다도 기도에 전심하였다. 요한 신부 자신도 영적으로나 학문적으로 착실히 성숙해 갔다.

데레사 수녀는 요한 신부에 대해 대단히 만족스러워했기에 이렇게 썼다.

"그는 키는 작지만, 하느님 대전에서 위대한 영혼임이 틀림없다고 생각합니다. 참으로 믿음이 갑니다."

데레사 수녀는 도움을 받을 수 있는 기회를 놓치지 않고 알칼라에서 요한 신부를 데려오기 위해 교섭을 했다. 마침 그때 아빌라에 어려운 일이 생겨 요한 신부의 도움이 절실히 필요했기 때문이다. 데레사 수녀가 아빌라의 강생 수도원 원장으로 임명된 것이다. 그 수도원에서 데레사 수녀는 수련을 받고 25년간 생활했다. 130여 명의 그곳 수녀들은 그때까지 완화 규칙을 따르면서 아직도 미지근한 생활을 하고 있었다.

데레사 수녀는 그곳 수녀들의 영적 지도자로 요한 신부를 데려오는 데 성공했다. 요한 신부는 이 수도원 부근의 작은 집에서 동료 수사 한 사람과 함께 살게 되었다. "마을 사람들은 요한 신부가 이룩해 놓은 큰 진보에 놀라고 있다."라고 데레사 수녀는 보고했다. 데레사 수녀 자신도 요한 신부와의 잦은 교류로 얻은 바가 많았다. 이 거룩한 두 사람은 거의 2년 동안 이 수도원에서 지냈다.

요한 신부는 강생 수도원에서 다시 3년 동안 있었다. 고요하고 평화로운 나날들이었다. 그러나 어느 날 유괴와 감금이라는 사건이 닥치게 된다.

감옥에 갇힌 8개월

요한 신부는 자신의 의도와는 관계없이 어떤 쟁론에 말려들게 되었는데, 그것은 완화파 수사들과 개혁파(엄률파) 수사들 사이에 일어난 알력이었다. 완화파 수사들은 개혁파를 적극 지지하는 요한 신부를 톨레도에 있는 자신들의 수도원에 감금시켜 버렸다. 갇혀 있던 그 감옥은 가로 1.8미터, 세로 3미터밖에 되지 않는 작은 방이었다. 창은 없고, 벽 높은 곳에 작은 구멍 하나가 뚫려 있을 뿐이었다. 《성무일도서》를 보려면, 걸상 위에 올라서서 책을 위로 받쳐들고 희미한 빛에 비춰 보아야만 했다. 8개월의 유폐 기간 동안 한 번도 옷을 갈아입을 수 없었던 것은 물론이고, 음식으로 드물게 마른 생선이 나오기는 했지만, 대개 빵과 물뿐이었다. 요한 신부의 소재는 완전히 비밀에 부쳐져 있었다. 데레사 수녀는 왕에게 긴 서한을 보냈다. "그 사람들이 요한 신부를 유괴해 간 방법은, 제가 소름이 다 끼칠 정도였습니다. 주님의 사랑으로 요한 신부를 즉시 석방해 주시도록 폐하게 간청합니다." 이전에 데레사 수녀를 도와주었던 펠리페 왕도 이번에는 아무 일도 할 수 없었다. 달이 가고 해가 넘었는데도, 누구 한 사람 데레사 수녀의 이 호소를 귀 기울여 들어주지 않았다.

"내 소원을 자유롭게 다른 사람들에게 간청할 수 없다는 것에 견디기 어려운 고통을 느낍니다. 왜 저 거룩한 분이 아무도 돌아보아 주지 않는 불운을 당하는지, 참으로 모르겠습니다." 하고 데레사 수녀는 말하였다.

그러는 동안 요한 신부는 감옥에서 점점 쇠약해져 갔고 심리적으로나 정신적으로 몹시 괴로웠다. 그러나 요한 신부가 지니고 있던 시적인 재능이 움트기 시작한 것은 바로 이 비참한 상태에서였다. 한 너그러운 간수가 허락해 준 것들 속에는, 요한 신부가 청한 종이와 펜이 있었다. 그 덕에 그는 시를 쓰기 시작했다. 이때 쓴 시들이 그를 스페인 시인으로서 최정상의 지위에 올려 놓았다.

사실상 산문은 세 가지의 위대한 신비적인 시에 관한 외연적(外延的)인 해설이다. 〈영혼의 노래〉는 옥중에서 쓴 시들 중에서도 가장 뛰어난 것인데, 이 시는 연가의 형식으로 그리스도에 대한 영혼의 사랑과 영혼에 대한 그리스도의 사랑을 노래하고 있다.

첫째 시는 시인 자신의 영적인 고민을 표현한 것으로 생각된다.

> 아아, 어디에 그대를 숨기신고
> 사랑하는 임하 울음 속에 날 버려 두고
> 상처만 나에게 남기신 채
> 사슴마냥 가버리신 그대
> 그대 뒤 외치며 나섰더니 벌써 가고 없구려.

1578년 8월 16일 밤, 요한 신부는 감옥에서 탈출했다. 기도하는 중에 탈출하라고 재촉하는 강한 충동을 받았던 것이다. 새 간수는 친절한 수사였으므로, 요한 신부에게 복도에 나가 바람을 쐴 수 있도록 해 주었는데, 이때마다 방문 고리를 조금씩 느슨하게 해 놓을 수 있었다. 요한 신부는 홑이불을 찢어이어 만든 밧줄을 사용하여 감방에서 내려와 날이 새기를 기다렸다가, 새벽이 되자 시내에 있던 맨발 가르멜 수도원을 향해 급히 달려갔다. 저녁 무렵 수도원 은인 중의 한 사람인 대성당 참사원이 요한 신부를 마차에 태워 자기 집으로 데리고 갔다.

여행에서 또 여행을

요한 신부는 감옥에서 건강이 많이 상했다. 그럼에도 불구하고 생애 마지막 14년 동안 데레사 수녀가 수행한 여행에 견줄 정도로 많은 여행을 했다. 8년 후에 쓴 편지에서 그 활동의 흔적을 엿볼 수 있다. 그 편지는 카라바카에 있는 가르멜 수녀원 원장에게 보낸 것이다.

"지금 우리 수녀들의 이사 때문에 세비야에 와 있습니다…. 나는 이곳을 떠나기 전에 남자 수도원을 창립할 생각입니다. 그렇게 되면 세비야에는 맨발 남자 가르멜 수도원이 두 군데로 늘어나게 되겠지요. 그리고 지금부터 성 요한 축일까지 또 하나의 수도원을 창립할 생각이고, 그런 다음 말라가에 가서 회의에 참석하려고 하는데, 이 창립을 위해 직권이 제게 부여되기를 바랍니다. 당신들의 창립을 위해서도 그 직권이 있었으면 좋으련만…."

요한 신부의 '여행'은 탈옥하고 1개월 후부터 시작되었다. 신부는 알모도바르를 향해 먼 여행을 했다. 알모도바르는 톨레도에서 약 170킬로미터 떨어진 스페인 남쪽에 있는 지역으로 맨발 가르멜 회원들의 중요한 회의가 이곳에서 열렸다. 이 회의에서 결의된 사항 중 하나는 요한 신부를 더 남쪽에 있는 몬테 갈바리오의 사막 수도원으로 보내는 것이었다. 요한 신부는 마을에서 외떨어진 산중 수도원 원장으로 임명받은 것이다.

몬테갈바리오에서의 고독한 8개월 동안 요한 신부는 최초 작품 〈가르멜의 산길〉을 쓰기 시작했다. 그 다음에는 바에사로 옮겼다. 인구가 많은 이 대학 도시는 몬테갈바리오에서 약 60킬로미터 떨어진 곳에 있다. 그리고 1579년 6월 14일, 대학 도시 알칼라에서 창립한 것과 같은 신학원을 여기에도 창립했다.

1581년 요한 신부는 알칼라를 재차 방문할 기회가 있었다. 북쪽으로 388킬로미터를 소가 끄는 수레로 가야 하는 머나먼 여행이었다. 그렇지만 얼마나 행복한 여행이었던가! 가르멜회가 각기 독립하여 이족파(履足波)와 선족파(跣足波)로 분리되기를 오래전부터 바라 오다가, 그레고리오 13세 교황이 드디어 이를 정식으로 승인한 것이다.

1581년 3월 3일 요한 신부를 포함한 20명의 맨발 가르멜 사제는 알칼라의 학원에 모였다. 이 집회에서 의장의 임무를 맡은 사람은 도미니코회 수사 라스 쿠에바스의 요한 신부였다. 이 문제를 교황으로부터 위임받았던 것이다. 가르멜회 안에서 오랫동안 걸림돌이 되어 왔던 두 파는 무사히 평화로운 결말을 지었다.

170킬로미터 이상 떨어진 발렌시아 수도원에 있던 데레사 수녀는 맨발 가르멜회가 비로소 공식적으로 인정된 것을 기뻐했다. 데레사 수녀는 이보다 앞선 1575년에 바로 이 사건에 대한 탄원서를 국왕에게 상신하여 인가를 받았다. "폐하, 선족파가 독립 관구를 갖게 될 때까지 많은 상처를 받게 되는 일들이 일어날 것은 뻔합니다. 하루라도 빨리 분리되기를 저는 주님과 영광스런 어머님의 사랑으로 감히 말씀드리옵니다."

일생 동안 겪은 일 중에 가장 기쁘고 만족스런 사건이었다고 데레사 수녀가 말한 일이 바야흐로 실현된 것이다.

"지금은 이족 수사나 선족 수사가 모두 함께 평화

롭게 지내며, 주님께 봉사하는 우리를 귀찮게 하는 사람은 아무도 없습니다."

도움을 청하다

얼마 후 데레사 수녀는 요한 신부가 보낸 한 통의 편지를 받았으나, 별로 놀라지는 않았다. 데레사 수녀는 예전에 어떤 협력을 약속했는데, 지금 요한 신부가 그것을 깨우쳐 준 것이다. 데레사 수녀는 주님 수난 성금요일 다음날, 다음과 같은 사정을 새 장상으로 선출된 그라시안 신부에게 편지로 전했다.

"신부님, 저는 당신께 부활 선물로 한 가지 청을 드릴 것을 잊고 있었습니다. 신부님께서 윤허하여 주시기를 바랍니다. 얼마 전에 안달루시아 체재를 무겁게 생각하는 요한 신부를 위로하였을 때, 만일 하느님께서 우리에게 우리의 관구장을 정해 주신다면, 요한 신부를 이곳으로 데려오겠다고 제가 약속한 것을 신부님은 알고 계실 것입니다. 그 지방 사람들을 견디기 힘겨워 하는 요한 신부가 지금 제게 그 약속을 상기시키면서, 혹여나 바에사에서 재선되지는 않을까 염려하고 있습니다. 정말 요한 신부는 간절히 자신의 재선을 신부님께서 인정하지 말아 주기를 부탁하였습니다. 만일 그 일이 가능하다면, 참으로 지칠 정도로 괴로움을 받은 요한 신부를 위로할 수 있겠지요."

그러나 데레사 수녀의 요청은 받아들여지지 않았다. 요한 신부는 거기서 더욱더 남쪽으로 170킬로미터 떨어진 그라나다에서 한 가지 임무를 맡게 되었다. 요한 신부는 만년을 대부분 안달루시아에서 보냈다. 그러나 1581년 11월에 요한 신부는 다시 북쪽으로 여행할 수 있는 행운을 맞았다. 이번 여행은 아빌라 수녀원에 있는 데레사 수녀를 방문하는 것이 목적이었다. 이 만남은 투옥 사건 이후 처음 있는 일이었다. 그 불행한 일이 있은 지 벌써 4년이란 세월이 흘렀던 것이다.

요한 신부의 이번 임무는 기쁜 것이었다. 그라나다에서는 데레사 수녀가 필요했기에, 요한 신부가 데레사 수녀를 모시러 왔던 것이다. 안달루시아 관구장 디에고 신부는 다음과 같은 위임장을 썼다.

"나는 요한 신부가 아빌라에 갈 것을 순명의 이름으로 명한다. 그라나다의 수도원 창립을 위해 지극히 존경하는 선족 가르멜회의 창립자 아빌라의 성 요셉 수도원의 데레사 원장 수녀님의 건강과 연령을 고려하면서 위에 말한 창립에 필요한 수녀들과 함께 모셔 오도록."

그러나 데레사 수녀는 북 스페인의 부르고스 시에 수도원 창립을 약속한 터였다. 그리고 그 창립 계획은 이미 시작되어, 결국 요한 신부는 데레사 수녀 없이 안달루시아로 돌아와야 했다. 이 서른아홉 살의 사제와 예순여섯 살의 데레사 수녀가 나눈 대화에 관한 기록은 아무것도 남아 있지 않으나, 다만 우리는 그 마음을 짐작할 뿐이다. 데레사 수녀는 3년 전 안달루시아의 한 수도원장에게 이렇게 썼다. "요한 신부가 당신 가까이 계시도록 섭리하신 하느님께 감사하십시오. 참으로 거룩한 사람입니다. 카스틸랴 지방 전체 어디에서도 그분과 같은 사람을 만나 보지 못했습니다. 그와 같은 열심으로 영혼들을 고무하고 격려하여 천국 여행을 잘할 수 있도록 돕는 사람을 찾기란 무척 어려운 일일 것입니다."

이 11월의 만남이 위대한 하느님의 종들이 지상에서 가질 수 있었던 마지막 만남이었다. 11개월 후, 부르고스에서 돌아오던 중 데레사 수녀는 서거하였다.

"당신께 어떤 말을 하고 싶습니다"

요한의 어머니 카타리나는 메디나 델 캄포에서 여생을 보내고 있었다. 2년 전 서거한 데레사 수녀가 생전에 메디나 델 캄포의 가르멜 수녀들에게 요한 신부의 어머니를 돕도록 주선하면서 부탁했던 것이다.

수녀들은 부탁받은 대로 실천했고, 가장 친한 친구처럼 왕래했으며, 카타리나를 자신들의 수도원 안에 있는 묘지에 매장해 주기까지 했다.

카타리나의 임종 때 성 요한 신부는 약 340킬로미터나 떨어진 안달루시아에 있었다. 요한 신부는 감금되기 얼마 전부터 어머니를 만나지 못하다가, 11년 후 어머니의 임종 겨우 2, 3개월 전에야 비로소 어머니를 만났다.

세고비아는 메디나 델 캄포와 비교적 가까웠기에, 요한 신부는 형 프란치스코에게 자신을 찾아와 줄 것을 늘 청하곤 했다. 그러던 중 어느 날 죽은 어머니가 두 아들에게 나타났는데, 다섯 살 때 죽은 손자의 손을 잡고 영광 중에 찬란히 빛나는 모습을 하고 있었다. 두 형제는 이 환시를 세고비아의 맨발 가르멜 수도원 정원에서 보았던 것이다.

프란치스코는 요한과 마찬가지로 아주 거룩한 사람이었고, 영웅적인 덕행의 소유자였다. 둘은 몇 시간이고 함께 지냈다.

"저는 하느님에 관한 어떤 체험을 형님께 이야기하고 싶습니다." 하고 요한 신부가 말했다. "이 수도원에는 십자가를 지고 가시는 그리스도의 성화가 하나 있습니다. 어느 날 그 성화 앞에서 기도하고 있었을 때 이 성화를 외부 성당에 안치하는 편이 훨씬 좋겠다는 생각이 들었습니다. 이 십자가를 지고 가시는 성화가 단지 가르멜 수도자들에게만이 아니라 일반 사람들에게도 공경과 찬양을 받도록 하기 위해서였습니다. 그래서 저는 그대로 실천에 옮겼지요. 외부 성당에 알맞게 좋은 분위기를 조성하여 안치한 후 어느 날 그 앞에서 기도를 드리고 있었는데, 그리스도께서 다음과 같이 말씀하셨습니다. '요한, 원하는 것을 내게 청하라. 내게 이런 봉사를 한 답례를 주고 싶다.' 그래서 저는 대답했습니다. '주님, 당신께 청하고 싶은 것은, 당신을 위해 고통당하고 멸시를 받는 것입니다.'라고."

요한 신부는 고통 그 자체 때문에 고통을 좋아한 것이 결코 아니었다. 고향인 카스티야로 돌아가는 것을 청한 것에서도 알 수 있듯이, 인간 요한은 고통 앞에 질려 있었다. 그러나 고통은 보다 높고 열심인 생활 방법이 되고, 또 지상적인 인간을 하늘스러운 인간으로 바꿔 놓을 수가 있다. 요한 신부는 이것을 잘 알고 있었기에, 이렇게 썼다.

"고통이 순수하면 할수록, 거기서 나오는 지식은 한층 더 순수하고 한층 더 내면적이다. 따라서 즐거움도 더 순수하고 숭고해진다."

요한 신부는 계속한다. "아아, 만일 사람이 온갖 고통의 깊고 깊은 심연에 들어가지 않으면, 그리고 거기서 자신의 위안과 희망이 자리 잡지 못한다면, 무한한 변화에 풍요로운 하느님의 지혜와 풍부한 보화 속에 들 수 없다는 사실을, 사람들이 완전하게 깨칠 수만 있다면…."

직책을 박탈당하다

고통받고 싶다는 소망은 이루어졌다. 남은 생애의 마지막 9, 10개월 동안 요한 신부에 대한 중상모략이 퍼져 나갔다. 신부는 맡고 있던 모든 직책을 박탈당했다. 격한 성격의 원장은 수도원 간호계에서 임종이 가까이 다가오고 있는 요한 신부를 돌보아 주는 것을 금했다.

그러나 그 고통이 극도에 달한 것은, 요한 신부의 생애 끝 무렵에 데레사 수녀의 개혁 가르멜회가 뿌리부터 흔들리는 협박을 당하게 된 때다. 총장 도리아 신부는 개혁 가르멜회를 자기 생각대로 밀고 나가려 했다. 1587년 많은 사람들이 원시 회칙의 정신과는 모순된다고 반대했음에도 불구하고 가르멜회에 새로운 제도를 만들었다.

1591년 6월 1일 마드리드에서 열린 중대한 회의에서 도리아 신부는 자신의 계획을 최대로 밀고 나갔다. 데레사 수녀의 회헌 폐지를 제안한 것이다. 데레사 수녀는 서거 1년 전에 맨발 가르멜 신부들에게 그 회헌을 인가하도록 글로 남겨 놓았다.

도리아 신부는 데레사 수녀를 '좋은 어머니 데레사'라고 불렀는데, 지금은 그렇지 못했다. 데레사 수녀가 자신이 만든 너무나도 인간적인 법률적 조치를 강요했기 때문이다. 당시 총장 차석에 있던 요한 신부는 가르멜회 정신이 손상되는 것을 매우 슬퍼하며, 이에 대해 자신은 생각이 다르다는 것을 드러내는 것이 자기 의무라고 생각했다. 새 제도를 찬성하지 않았지만, 총장에게는 자진하여 복종했다. 도리아 신부의 모든 생각을 충실히 실행해 오고 있었지만, 이번만은 정의와 사랑을 위해 맨발 가르멜 수도회 집회에서 솔직한 의견을 말했다. 그러나 누구 한 사람도 요한 신부를 지지하지 않았다. 그네들 중 어떤 이들은, 개인적으로는 요한 신부의 의견을 찬성하면서도 공적인 자리에서는 총장을 지지하였다.

도리아 신부는 자기 계획에 반대하는 자에 대해

선 가차 없이 억압했다. 만일 반대자들이 자신에게 복종하지 않으면 그는 주저 없이 그들을 회에서 추방한다는 사실은 잘 알려져 있었다. 그러나 이번에는 요한 신부의 모든 직책을 박탈하는 것으로 그쳤다. 총장은 뚜렷하게 어느 수도원이라는 지시도 없이 요한 신부를 안달루시아로 보냈다. 요한 신부가 쓴 남쪽으로 340킬로미터의 여행 끝에 1591년 7월 말경 베뉴엘라 마을에 있는 수도원에 도착했다.

이때에는 그 누구도 3년 후 쉰두 살의 도리아 신부가 사망하고, 다음 세대들이 요한 신부의 불후의 저서들을 유일한 영적인 지도서로 사용하게 되리라는 것을 예견하지 못했다. 요한 신부는 자기 자신이 추방되었다는 것에는 별로 괴로움을 느끼지 않았다. 그것은 오히려 위로와 평안함을 주었다. 그는 한 가르멜 수녀에게 이렇게 편지하였다.

"따님이여, 내 신상에 일어난 일 때문에 마음 산란해 하지 마세요. 왜냐구요? 아무것도 내 마음을 어지럽히지 못하니까요…. 이런 일은 사람이 한 것이 아니라 우리에게 무엇이 적당한지 아시고 우리의 선을 위해 좋은 섭리를 하시는 하느님께서 허락하신 것입니다."

또 다른 수녀에게는, "이제 나는 자유의 몸이 되었기에 영혼들에 대한 책임도 없습니다. 내가 원하기만 한다면 하느님의 은총으로 평화와 고독, 또한 일체의 잊음의 맛스런 실과를 즐길 수가 있으니, 이 얼마나 큰 이익입니까?"라고 편지하였다. 베뉴엘라의 고독 속에서 요한 신부는 기도와 신비적 잠심 생활을 되찾았다. 그러나 하느님은 요한 신부를 평화 중에 그냥 두지 않으셨다.

복수

개혁 가르멜회의 참사회에서는 요한 신부의 후임자로 세비야 출생의 서른한 살인 디에고 신부를 임명했다. 디에고 신부는 유능하긴 했으나 근신하지 못한 사람이었으며, 요한 신부에 대해 원한을 풀 수 있는 기회를 노리고 있는 중이었다. 6년 전 요한 신부가 안달루시아의 관구장 대리의 임무를 맡고 있었을 때 디에고 신부와 또 한 사람의 젊은 수사 프란치스코 크리소스토모를 책망한 적이 있었다. 이 젊은 두 사람은 장기간을 수도원 밖에서 생활하였고, 여러 가지로 회의 정신에 위반된 행동을 하였다. 이 수사들은 자신들에 대한 요한 신부의 교정에 대단히 분개하고 있었다.

예전과 마찬가지로 지금도 변함없이 격하기 쉽고 집념이 강한 성격의 디에고 신부는 총회에서 추방당한 옛 장상의 평판을 떨어뜨리기 위해 '사찰관'이라는 직무를 광범위하게 사용하기 시작했다. 디에고 신부가 취한 비열한 복수 방법은 요한 신부에 대한 중상모략, 특히 가르멜 수녀들과의 관계에 대한 소문을 퍼뜨리는 것이었다. 이 소식은 베뉴엘라에 있는 요한 신부에게 전해졌지만, 자신의 처지에 대해 변호하지 않고, 다만 집회서의 다음 구절을 인용했다. "많은 것을 간결하게 말하고 알면서도 침묵하는 사람이 되어라."(집회 32,8)

그리고 자신의 충실한 영적 아들에게 이렇게 써 보냈다. "아들이여, 슬퍼하지 마십시오. 내가 교정 불가능이거나 불순명이 아닌 이상 내게서 수도복을 벗기지는 못합니다. 내가 빗나갔다면 어디서고 내 잘못을 새로 고치고 나에게 어떠한 보속이 주어져도 기꺼이 따를 굳은 각오가 되어 있습니다."

디에고 신부는 거룩한 사람을 계속 욕되게 하였다. 요한 신부 사후에 디에고 신부의 참소의 불성실함이 분명해지자, 새 총장 엘리야 신부는 파렴치한 보고서를 디에고 신부의 면전에서 태워 버렸다.

가벼운 열병이 나다

이 박해가 계속되고 있을 때 요한 신부의 건강이 무너지기 시작했다. 요한 신부는 자신의 병을 가볍게 여겼다. 그리고 9월 21일 자신의 한 영적 자녀에게 다음과 같이 썼다.

"내일 나는 가벼운 열병을 치료하러 우베다에 갑니다. 실은 이미 일주일 이상 매일 이 열로 고생하고 있어서 의사의 도움이 필요하다고 생각하였습니다. 그러나 곧 다시 이곳으로 돌아올 예정입니다. 확실히 나는 이 거룩한 고독에서 많은 선을 찾아내고 있습니다."

그러나 요한 신부는 끝내 베뉴엘라로 돌아오지 못했다. 10주 후 우베다에 있는 맨발 가르멜 수도원에서 하늘나라로 떠난 것이다.

그곳 수도원 원장은 프란치스코 크리소스토모 신부로, 몇 년 전에 디에고 신부와 함께 요한 신부의 책망을 받은 바로 그 인물이었다. 프란치스코 신부는 이제 바야흐로 원한을 풀 수 있는 절호의 기회를 얻은 것이다.

요한 신부가 우베다에 도착했을 때 오른발에 염

증이 생겼다. 그 염증은 발등의 단독에 의한 것이었다. 이 병은 갑자기 다섯 개의 큰 상처로 번졌다. 원장은 이런 상황에도 아랑곳하지 않고 요한 신부를 냉혹하게 취급했다. 허락 없이는 아무도 요한 신부를 방문하지 못하도록 수사들에게 금령을 내리고, 붕대를 갈아 주는 것조차 허락하지 않았다. 이 병자 때문에 군식구가 늘어서 수도원 재정에 영향이 가는 그 무슨 일이라도 생기면 드러내 놓고 불평을 터뜨렸다. 원장이 가한 마지막 일격은 간호계인 베르나르도 수사에게 더 이상 신부를 돕지 못하게 금한 것이었다. 이 사실을 알게 된 안달루시아의 관구장 안토니오 신부는 급히 우베다로 달려와, 6일 동안 수도원에 체재하면서 이 병자에게 세심한 간호가 필요하다는 사실을 피력하였다. 어떻든 원장은 회개하였고, 요한 신부가 죽기 전날 용서를 빌며 울면서 병자의 방을 나왔다. 그 후 3번 병자의 침상 옆에서 무릎을 꿇고 눈물을 흘리는 모습을 볼 수가 있었다. 하느님의 위대한 종이 되도록 이끄는 섭리가 프란치스코 신부의 생애에 작용했다. 17년 후 프란치스코 신부가 사망했을 때에는 모두 그를 성인이라고 하였다.

성모님의 토요일

요한 신부는 자신의 죽을 날과 시간을 예언하였다. 어느 신부는 말했다. "요한 신부는 일주일 전에 자기가 죽을 날과 시간을 알고 있었습니다. 우리의 짐작으로는, 하느님의 모친께서 알려 주신 것으로 보였습니다. 왜냐하면 다음과 같이 말했기 때문입니다. '성모님께 찬미. 성모님께서는 제가 토요일에 이 세상을 떠나는 것을 원하셨습니다.' 요한 신부에게 이것을 알린 것은 원죄 없으신 성모님의 축일 전야 토요일이었습니다."

요한 신부의 병상에 함께 있었던 외과의 마르틴 빌라렐은 두 가지 수술을 했다. 병자의 발 뒤축과 다리는 란세트로 절개하고 살점을 잘라 내었는데, 이것은 견디기 어려운 고통이었다.

그러나 병세는 속수무책으로 퍼져 나갈 뿐이었다. 종기는 등과 어깨에도 깊이 파고 들어가 통증을 일으켰다. 외과의는 다시 수술을 했다. 엄청난 고통을 느끼지 않을 수 없었던 환자는 "고통은 나를 태워 버리는 것 같았습니다."라고 말하였다. 다른 때에 요한 신부는 말하리라. "좀 더 인내를, 좀 더 사랑을, 좀 더 아픔을…."

"신부님, 아픔을 좀 덜고 기분 전환도 할 겸 용기를 돋우기 위해 악사들을 데려올까요?"라고 한 수사가 물었다. 요한은 기뻐하면서 그 청을 받아들였다. 세 젊은이가 기타를 갖고 와서 연주를 시작하자 요한 신부는 자신의 나약함을 뉘우치면서 말하였다. "하느님은 내가 받는 이 고통으로 은총을 주시려 하시는데 음악으로 고통을 가라앉히려는 것이 과연 옳은 일일까요?" 12월 6일 용태는 더 악화되면서 그 결과가 상처에 나타났다. 신부에게 생애 마지막날이

다가왔다.

12월 6일 수요일, 요한 신부는 마지막 영성체를 청했고, 13일 금요일이 되자 원장을 불러오게 하여, 자기가 그동안 원장과 수사들에게 갖가지 폐를 끼친 데 대해 용서를 청하였다. 원장도 수도원이 가난한 탓에 좀 더 잘해 주지 못했다고 사과했다.

"원장님!" 하고 요한 신부는 말했다. "여기 제가 입었던 성모님의 수도복밖에 제가 가진 것이라곤 아무것도 없습니다. 하느님의 사랑으로 부디 당신께 청하오니, 애긍으로 이 성모님의 수도복을 저에게 주시지 않겠습니까?" 원장은 깊은 감동에 사로잡혔고, 바로 그 순간 자신의 냉혹함을 진심으로 뉘우쳤다.

그날 밤 10시 요한 신부는 수사들에게 가서 할 일들을 하라고 말하고는, 곧 기도 속에 잠겨 들었다. 11시 30분경 요한 신부는 시간을 물었다. "지금 때가 가까워 옵니다. 형제들을 불러 주세요." 얼굴은 기쁨에 빛나고 있었다. 요한 신부는 원장에게, 주님을 흠

승하고 싶으니 성체를 모셔 오도록 부탁하여, 그 성체를 다시 모셔 간 후 말했다. "주님, 나는 두 번 다시 이승에서 당신을 뵈옵지는 못할 것 같습니다." 다시 시간을 물었다. 거의 12시가 다 되었다.

"하느님께 영광! 나는 주님이신 하느님 대전에서 야과경을 읊겠습니다." 시계가 밤 12시를 울렸다. 종을 치는 소임을 가진 수사가 성무일도의 시작을 알리는 종을 치기 시작했다. 요한 신부는 곁에 있던 십자가에 입을 맞추었다. 그리고 고요하고 천천히 다음의 말을 입에 올렸다. "주님, 내 영혼을 당신 손에 맡기나이다." 그러고 나서 고요히 숨을 거두었다. 그때 성인의 나이 마흔아홉이었고, 세고비아에 묻혔다.

충실했던 일생

요한 예페스의 일생은 이렇게 끝났다. 하느님께 발한 서원에 충실하였고, 또한 가르멜회의 회칙이 명하는 그대로 주님에 대한 봉사에도 확고부동하였으며, 자신을 봉헌하는 삶은 성인의 생애에 중심적인 특징이었다. 십자가의 성 요한은 하느님께 봉사하는 데 무엇이 본질적이며, 무엇이 부수적인가를 분명하게 식별했다.

이 현실의 파악 능력은, 십자가의 성 요한이 지닌 가장 뛰어난 자질이었다. 과연 그분은 '절대의 박사'라는 칭호에 걸맞는 인물이었고 특별한 의미에서 '가르멜의 박사'다. 십자가의 성 요한의 저서만큼 가르멜적인 생활 양식을 깊고 풍요롭게 주석한 것은 다시없다. 영혼과 하느님과의 만남, 그리고 그것을 어떻게 준비할 것인가, 이것이야말로 가르멜 생활이요, 요한의 가르침의 전부다.

십자가의 성 요한은 자기 자신의 풍부한 체험으로 '하느님과 일치'라는 목적지로 이끄는 곧바르고 안전한 길을 면밀하게 기록했고, 모든 영혼을 하느님과 만나는 이 길로 초대하며 말한다.

"당신 방에 들어가서 문을 잠그시오!"